Meja Mwangi
Kariuki und sein weißer Freund

Meja Mwangi, 1948 geboren, ist einer der bekanntesten zeitgenössischen Autoren Kenias. Seine Romane und Kinderbücher sind in zehn Sprachen übersetzt und vielfach ausgezeichnet worden. Mwangi ist zur Zeit der Mau-Mau-Bewegung in Kenia aufgewachsen, die die spätere Unabhängigkeit des Landes von der britischen Kolonialmacht einleitete. Die Geschichte von Kariuki und Nigel spielt in seiner Heimatstadt Nayuki. Mwangi erzählt also afrikanische Zeitgeschichte aus seiner eigenen Perspektive.

Meja Mwangi

Kariuki und sein weißer Freund

Eine Erzählung aus Kenia

Aus dem Englischen von Jürgen Martini
und Helmi Martini-Honus

Lamuv Taschenbuch 333

Originaltitel:
Adventure with Little White Man

BAOBAB Kinder- und Jugendbücher aus Afrika, Asien und Lateinamerika werden herausgegeben vom Kinderbuchfonds Baobab, der Erklärung von Bern und »terre des hommes schweiz«.
BAOBAB heißt Affenbrotbaum, in dessen Schatten sich die Menschen Geschichten erzählen.
BAOBAB heißt die Buchreihe, in der Erzählungen und Märchen, Kindergeschichten und Jugendromane aus Asien und Lateinamerika, Australien und Afrika in deutscher Übersetzung erscheinen.
Ein BAOBAB-Buch öffnen, heißt ein Fenster öffnen in eine Welt, die von uns weit entfernt liegt und uns nicht oder kaum vertraut ist.
Ein Buch ist nicht die Welt. Es erzählt uns Menschengeschichten.

Bitte fordern Sie unser kostenloses Gesamtverzeichnis an:
Lamuv Verlag, Postfach 26 05, D-37016 Göttingen
Telefax (05 51) 4 13 92
E-Mail: info@lamuv.de
www.lamuv.de

2. Auflage 2008

Lektorat: Kinderbuchfonds Baobab, Basel
Umschlaggestaltung: Käthi Bhend und Gerhard Steidl
unter Verwendung eines Bildes von Madambu Elia-Mbemba, Zaire
Gesamtherstellung: Steidl, Göttingen
Printed in Germany
ISBN 3-88977-656-6

Es heißt, die Welt dreht sich im Kreise,
Ich denke eher, sie steht auf dem Kopf.

Reggae

Meja Mwangis Erzählung »Kariuki und sein weißer Freund« spielt in Kenia zur Zeit der Mau-Mau-Bewegung, des Befreiungskampfes gegen die weiße Kolonialmacht. Der Verfasser ist 1948 in Kenia geboren und aufgewachsen in jener Zeit, in der die Geschichte spielt. Er berichtet euch darüber im Nachwort auf Seite 151. – Im Buch kommen hier und da *Wörter* vor, die ihr nicht kennt. Sie sind *kursiv* gedruckt und werden im Wörterverzeichnis ab Seite 153 erklärt.

Erstes Kapitel

Ich weiß nicht mehr, wann ich das Wort *mau-mau* zum ersten Mal gehört habe. Vielleicht nach jenem ersten *msako*, als *Bwana* Ruins Jagdgewehr verschwunden war, und es hieß, die *mau-mau* hätten es gestohlen. Vielleicht auch schon viel früher. Aber abgesehen davon, dass damals das Wort *mau-mau* überall auf der Farm bekannt wurde, war jenes erste *msako* ein Wendepunkt im Leben der etwa hundert Familien, die auf der Ruin-Farm lebten und arbeiteten.

An jenem schicksalhaften Morgen stellten wir beim Aufwachen fest, dass das Dorf, wo die Farmarbeiter wohnten, von Hunderten schwer bewaffneter weißer Soldaten umstellt war. Einige von ihnen hielten deutsche Schäferhunde an der Leine. Ohne jede Erklärung trieben sie uns alle, Männer, Frauen und Kinder, zusammen und jagten uns in einen Pferch außerhalb des Dorfes, in dem immer die Viehauktionen stattfanden. Dort mussten wir uns in die frischen Kuhfladen setzen und warten; keiner wusste, worauf.

Die Soldaten zogen indessen durch das Dorf, durchsuchten die Hütten, durchstöberten jeden Winkel und klauten, was sie an Geld und anderem Wertvollen fanden. Wie ich später hörte, müssen sie damals alles ratzekahl leer geräumt haben. Die Arbeiter hatten am Tag zuvor den Lohn für einen ganzen Monat bekommen und das Geld wie immer gut versteckt, damit die Familie es nicht finden konnte. Aber die Soldaten fanden alles.

Sie hielten uns im Viehpferch fest, bis die Sonne aufging, glühend heiß, und die Kinder anfingen, über ihren Hunger zu jammern.

Gegen sieben Uhr kam ein zorniger Soldat und rief meinen Vater zu sich. In großer Eile wurde er weggeführt. Wir dachten, sie würden ihn bestimmt erschießen. Doch den wahren Grund erfuhren wir später. Bwana Ruin war schier wahnsinnig geworden, als er merkte, dass sein vertrauter Koch zusammen mit den gewöhnlichen Arbeitern weggetrieben worden war und er deshalb nun kein heißes Wasser und kein Frühstück bekam.

Bis mein Vater den Holzofen eingeschürt, Wasser heiß gemacht und das Frühstück zubereitet hatte, waren wir im Viehpferch von der Vormittagssonne fast geröstet. Die Kinder jammerten schon gewaltig. Aber obwohl alle murrten, beschwerte sich niemand bei den Soldaten, die dabeistanden, rauchten, Schokolade aßen und Cola tranken.

Gegen Mittag kam Bwana Ruin, um mit uns zu reden. Er sah gut gekleidet und wohlgenährt aus, wie er da in Tweedjacke und Reithose daherkam. Um seinen Worten Nachdruck zu verleihen, klopfte er sich mit der Reitgerte in kurzen Schlägen seitlich ans Bein.

»*Watus*«, sagte er. Er gebrauchte das Swahili-Wort für Menschen immer falsch und in abfälliger Weise. »*Watus*, wenn ihr mir Milch gestohlen habt, habe ich es euch durchgehen lassen. Wenn ihr mir Weizen gestohlen habt, hat es mir nicht viel ausgemacht. Wenn eure Kinder Früchte aus meinem Obstgarten gestohlen haben, bin ich milde mit ihnen verfahren. Aber dieses Mal seid ihr zu weit gegangen!«

Er war ein großer Mann, Bwana Ruin, größer als alle Männer, die ich kannte. Wenn er durch eine Tür ging, musste er sich bücken. Er war breit gebaut und sehr stark. Man sagt, er habe einmal in einem Wutanfall den Obermelker hochgehoben und quer durch den ganzen Stall geschleudert, zur einen Tür rein und zur anderen wieder raus, ohne dass der Obermelker den Boden berührt hätte.

Sein Kopf sah wild und struppig aus. Die Haare hatten den Farbton von reifem Weizen. Der Schnurrbart war säuberlich gestutzt, die Augen waren grün wie bei einer Katze, die auch im Dunkeln sieht. Jetzt drohte er uns mit den Fäusten, wies mit einer vernichtenden Geste auf uns herunter und schwor, keiner von uns würde entkommen, bevor er sein Gewehr wiederhätte. Wie er da so auf dem Podest des Auktionators stand und auf uns herunterdonnerte, erschien er wie die Autorität Gottes persönlich.

Ich war erst dreizehn Jahre alt und verstand kaum die Hälfte von dem, was er sagte. Aber die Art und Weise, wie er sprach, und die Anwesenheit der bewaffneten weißen Soldaten ließen keinen Zweifel darüber aufkommen, dass er es bitterernst meinte.

Bis zum Sonnenuntergang hockten wir im Viehpferch. Die Kinder brüllten sich heiser vor Hunger und Durst. Manche Frauen wurden ohnmächtig. Männer schimpften. Aber niemand wusste etwas von dem verschwundenen Gewehr oder den geheimnisvollen *mau-mau*, von denen Bwana Ruin behauptete, sie zögen stehlend, mordend und Unruhe stiftend durch das Land. Damals wusste ich noch nicht, dass es die gleichen Leute waren, die wir im Flüsterton *andu a mutiku*, Leute des Waldes, nannten und über die wir kaum sprachen.

Um sechs Uhr durften wir endlich in unser geplündertes Dorf zurückkehren. Da sahen wir dann, wie die Soldaten in unseren Hütten gehaust und das Unterste zuoberst gekehrt hatten. Alle Lohntüten, die sie hatten ergattern können, waren verschwunden.

Und wie wir am Ende des Monats feststellen mussten, bekam mit Ausnahme derjenigen, die wie mein Vater unentbehrliche Dienste versahen – Hausdiener, Hirten, Melker – auch niemand Geld für jenen Tag, an dem keiner seine Arbeit hatte tun können.

Wir Kinder hatten natürlich die Schule versäumt. Aber dafür sollten wir schon unseren gerechten Lohn bekommen. Wir gingen in der Stadt in einem strohgedeckten Lehmbau zur Schule. Als wir am nächsten Morgen dort eintrafen, in Schuluniform und pünktlich, weil wir fast die ganzen fünf Kilometer dorthin gerannt waren, rief uns der Direktor in sein Büro. Er ließ uns alle an der Wand Aufstellung nehmen und verlangte eine Erklärung, weshalb wir am Tag zuvor die Schule versäumt hatten.

Wir nannten unseren Schuldirektor »Information Nr. 1«. Mit seinem Rohrstock wirkte er schreckenerregend, und er war berüchtigt wegen seiner Kaltblütigkeit. Wir berichteten ihm von der Razzia durch die weißen Soldaten.

»So?«, sagte er überrascht. »Die Soldaten sind auch in euer Dorf gekommen!«

»Ja, Sir«, sagten wir eifrig.

»Und?«

Wir erzählten die ganze Geschichte noch einmal und fügten jede noch so kleine Einzelheit hinzu, die uns vielleicht entlasten konnte.

Als wir fertig waren, wiederholte der Direktor: »Und?«

Da begriff ich, wie tief wir in der Tinte steckten. Den anderen ging es ebenso, denn plötzlich waren alle sehr still.

»Haben sie euch umgebracht?«, fragte der Direktor.

»Nein, Sir«, sagten wir.

»Und?«

Ich erwog ernsthaft, aus dem Fenster zu springen und diese Schule nie wieder zu betreten. Aber dann überlegte ich mir, dass mein Vater mir in diesem Fall das Fell über die Ohren ziehen und den Körper wie immer zur Schule schicken würde, in Schuluniform und pünktlich. Der Direktor stünde dann noch immer da und würde auf mich warten.

Zack! sauste des Direktors berüchtigter Rohrstock auf den Tisch herab, sodass wir alle einen Satz machten.

»Information Nr. 1«, sagte er. »Hier in Majengo war auch eine Razzia. Aber die Jungen kamen zur Schule wie immer, in ihrer Schuluniform.«

Zack! fuhr der Rohrstock wieder herab. Die Ängstlichen unter uns machten schon hörbar in die Hose.

»Noch nicht!«, teilte er ihnen mit.

Zack!

»Information Nr. 2«, sagte er. »Auf Bwana Koros Farm gab es ebenfalls eine Razzia. Aber die Jungen von dort kamen zur Schule wie immer, in ihrer Schuluniform. Sie meldeten sich zwar erst um vier Uhr, aber immerhin, sie kamen! Also?«

Er lächelte uns überaus freundlich an. Aber nur ein Dummkopf hätte das für ein gutes Zeichen gehalten.

»Also erklärt mir noch einmal, warum ihr gestern nicht wie immer zur Schule gekommen seid!«, sagte er.

Keiner traute sich.

»Muss ich davon ausgehen, ihr hättet keinen Grund gehabt?«

»Ja, Sir«, sagten wir.

»Ihr seid also gestern nur deshalb nicht wie immer zur Schule gekommen, weil ihr faule, dreckige und dumme *ihiis* seid?«

»Ja, Sir.«

»Lauter!«

»Ja, Sir.«

Als *ihiis* oder unbeschnittene Jungen führten wir in der Majengo-Grundschule in jeder Hinsicht ein Leben in Angst und Schrecken. Friede war etwas, wovon wir nur träumen konnten.

»Aha!«, sagte der Direktor. »Ihr gesteht also, dass ihr alle Sünder seid?«

»Ja, Sir.«

»Ihr kennt den Lohn der Sünde?«

»Ja, Sir.«

»Was ist der Lohn der Sünde?«

»Der Tod.«

»Wiederholen!«

»Der Tod.«

»Lauter!«

»Der Tod!«

»Gut«, sagte er. »Dreht euch alle um, Gesicht zur Wand, und bückt euch für euren Lohn.«

Er gab uns vier von der besten Sorte. Ein Zack seines Rohrstocks war so viel wert wie zehn von jedem anderen Lehrer. Es war tatsächlich wie der Tod. Wir zählten laut mit, während wir unseren Lohn kassierten. Danach waren wir wie betäubt vom Kopf bis zu den Zehen, unfähig zu denken, unfähig auch nur eine Träne zu vergießen. Und während uns der Schmerz wie eine Folge von Elektroschocks durchlief, den Rücken hinauf und hinunter, betete »Information Nr. 1« uns sein liebstes Glaubensbekenntnis vor.

Zack!

»Information Nr. 1«, bellte er. »Egal, ob ihr von einem Heer weißer Soldaten oder einem Heer weißer Affen überfallen werdet. Ich erwarte von euch, dass ihr zur Schule kommt wie immer, in Schuluniform und zur rechten …?«

»Zeit!«, schrien wir.

Zack!

»Information Nr. 2!«, fuhr er fort. »Egal, ob die Hütten eurer Väter Feuer fangen und mit allem drin niederbrennen bis auf den Grund. Ihr kommt gefälligst zur Schule wie immer, in Schuluniform und zur rechten …?«

»Zeit!«

»Wiederholen!«

»Zeit!«

»Immer zur rechten …?«

»Zeit!«

»Denn Zeit ist …?«

»Geld!«

»Gut«, sagte er.

Zack!

»Information Nr. 3!«, fuhr er fort. »Egal, ob ihr durch Keuchhusten, Bandwürmer oder Durchfall todkrank seid. Ihr kommt gefälligst zur Schule wie immer, in Schuluniform und zur rechten …?«

»Zeit!«

»Die einzige Entschuldigung, die ich gelten lasse, ist euer sicherer …?«

»Tod!«

»Wiederholen!«

»Tod!«

»Gut«, sagte er. »Ihr könnt in eure Klassenzimmer gehen.«

Wir stürzten aus seinem Büro und suchten unsere verschiedenen Klassenzimmer auf. Dort passierte nicht mehr viel, denn es war der letzte Schultag. Nur allgemeines Saubermachen und das Begleichen alter Rechnungen zwischen den Jungen verschiedener Banden.

Es gab an der Schule mehrere sich bekämpfende Rowdy-Gruppen: eine üble Bande aus der Stadt, bestehend aus den wildesten Waisenkindern und Straßenlümmeln, sowie mindestens eine Gruppe von jeder Farm in und um die Stadt Nanyuki herum. Das machte gut zehn gegnerische Gruppen, wenn nicht mehr.

Alle noch offenen Rechnungen wurden am letzten Schultag beglichen. Die verschiedenen Banden lauerten einander auf dem Heimweg auf und trugen ihre Kämpfe gnadenlos aus.

Aus verschiedenen Gründen gehörte ich keiner Gruppe an. Erstens wusste ich nicht, wie ich hätte kämpfen können, ohne jemanden zu verletzen oder selbst verletzt nach Hause zu kommen. Hätte ich einen anderen verletzt, so würde mich mein Vater verprügeln, dass mir Hören und Sehen verginge. Käme ich aber selbst verletzt nach Hause, so schlüge er mich erst recht windelweich. Also konnte ich niemals gewinnen.

Aber das heißt nicht, dass ich verschont blieb. Hin und wieder rotteten sich ein paar Jungen der einen oder anderen Bande zusammen und verdroschen mich einfach so, aus Spaß. Doch damit konnte ich leben.

Ab und zu erwischte ich einen Einzelnen von ihnen und stieß ihn tüchtig mit der Nase in den Dreck. Dann fing alles wieder von vorne an. Friede war etwas, wovon wir nur träumen konnten.

Als die Schule aus war, ergriff ich jede erdenkliche Vorsichtsmaßregel, um nicht in einen Bandenkrieg verwickelt zu werden. Ich mied die Jungen aus meinem Dorf, die allesamt hitzige Bandenmitglieder waren, und schloss mich einigen Nicht-Mitgliedern von der Koro-Farm an. Sie hatten einen dermaßen langen Schulweg, dass sie gar keine Zeit hatten, sich auf Kämpfe einzulassen.

Zweites Kapitel

Als wir bei der Holzbrücke über den Nanyuki angekommen waren, verabschiedete ich mich von den Jungen der Koro-Farm, schwang mir meine Schultasche über die Schulter und ging nach links, das Flussufer entlang nach Hause.

Von hier aus waren es noch fünf Meilen bis zur Koro-Farm. Der Weg führte über den Nanyuki und den Liki, weit in die Loldaiga-Ebene hinein. Ich war schon oft auf der grasbewachsenen Hochebene zwischen den beiden Flüssen gewesen und hatte in der Loldaiga-Ebene Hasen gejagt und Warzenschweine erlegt. Doch war ich noch nie auf der Koro-Farm gewesen.

Gemächlich ging ich den Anglerpfad entlang. Der Weg lag dunkel und einsam vor mir, denn die Sonne drang nicht durch die alten *mokoe*-Bäume, die dort dick und üppig an den Flussufern wachsen. Aber ich hatte keine Angst. Schon viele Male war ich die Waldwege entlanggegangen, hatte alleine fast den ganzen Wald und die Höhlen bei der Ruin-Farm erforscht. Es war mir noch nie etwas begegnet, das mir die geringste Furcht eingejagt hätte.

An den Wochenenden und während der Ferien hielt ich mich oft hier zwischen der Holzbrücke und dem Fischteich auf, wo die Landarbeiter aus unserem Dorf Wasser holten. Wenn ich aus irgendeinem Grund traurig war oder mich verlassen fühlte, suchte ich die Einsamkeit hier im kühlen Schatten bei den schwarzen Felsen im Fluss und den kalten Gebirgsbächen, die sich in Becken sammelten, so tief und still, dass man kaum hörte, wie das Wasser floss.

Ich kannte Wasserbecken, wo den ganzen Tag lang die Fische sprangen. Ich kannte Höhlen unter dem Flussufer und den Wurzeln der *mokoe*-Bäume, wo Wildenten ihre Eier legten. Ich kannte andere Höhlen, die so kalt und dunkel waren, dass nicht einmal die Geister sich dort verstecken mochten.

Ein Geheimnis, das ich sorgfältig hütete, waren die Stellen, wo die Enten ihre Eier versteckten. Meinen Freunden aus dem Dorf mochte ich sie nicht zeigen, weil ich fürchtete, sie wurden mit Steinen nach den Vögeln werfen und ihnen die Eier stehlen.

Ich hatte es nicht eilig, nach Hause zu kommen. Meine Mutter hatte gewiss eine endlose Liste von Aufträgen bereit, um einen unbeschäftigten Jungen in Trab zu halten – und die meisten dieser Arbeiten machte ich gar nicht gern.

»Kariuki«, sagte sie dann immer, »geh und mach das und das. Und wenn du wieder zurück bist, dann mach dies und jenes. Danach gehst du zum Fluss und holst Wasser.«

Ehe ich auch nur von einem dieser Aufträge zurück war, wartete sie schon darauf, dass ich Holz für sie hackte.

Jetzt, wo die Ferien angefangen hatten, wusste ich nicht, ob ich mich beklagen oder freuen sollte. Ich schlenderte am Flussufer entlang und blieb immer wieder stehen, um die Nashornvögel mit ihren roten Schnäbeln zu bewundern, die sich die Samen der *pondo*-Bäume schmecken ließen. Der Wald war still und friedlich. Die Stille wurde nur vom Gesang der Vögel und dem Schnattern der Stummelaffen unterbrochen, die tief im Waldesinneren riefen.

Ich versteckte meine Schultasche beim Flusspfad und rutschte das steile Ufer hinunter zu einer dunklen Höhle, in der, wie ich wusste, Enten ihre Nester hatten. So leise wie möglich folgte ich dem Ufer und sprang dabei von Stein zu Stein, um nicht ins Wasser zu treten. Schließlich setzte ich mich auf einen großen Stein, ließ meine nackten Füße ins stille Wasser baumeln und wartete.

Vom Flusspfad aus konnte mich hier unten keiner sehen. Jenseits des Flusses war der Wald dicht und dunkel. An manchen Stellen war es so finster, dass die Grillen den Tag nicht von der Nacht unterscheiden konnten und den ganzen Tag zirpten.

Wenn ich ganz still war und mich nicht bewegte, kamen die Enten aus ihren Höhlen hervor, schwammen im Becken umher und fingen Insekten für ihre Jungen. Manchmal brachten sie ihre frisch geschlüpften Küken für mich heraus, um sie mir zu zeigen.

Ich saß eine ganze Zeit lang dort. Ab und zu löste sich ein Blatt oder ein Samen von den Bäumen und fiel ins Bassin. Dann bildeten die Ringe schöne Muster, die sich über die ganze ruhige Wasserfläche ausbreiteten. Manchmal sprang ein Fisch, um nach einem Insekt zu schnappen, und ließ sich wieder auf den Grund des Bassins sinken, wo man ihn nicht von den schwarzen Felsen unterscheiden konnte.

Im Nanyuki und im Liki gab es Bergforellen. Sie waren am Rücken schwarz, an den Seiten silbrig und violett, und ihr weißer Bauch hatte an manchen Stellen Tupfen. Ich wusste aus Erfahrung, dass sie sehr schwer zu fangen waren.

Endlich wurde meine Geduld belohnt. Eine Entenfamilie kam flussabwärts geschwommen. Sie trieb auf der Strömung dahin und ließ sich vom Wasser um die Felsen herum und unter den Baumwurzeln hindurch tragen. Nun kamen die Enten in das Wasserbecken geschossen, wurden von den Wirbeln im Kreis herumgedreht, ohne die Füße zu bewegen, und kamen schließlich zu den dunklen, stillen Stellen, wo das Wasser reglos stand.

Es waren ihrer zehn: Mutter, Vater und acht Küken mit gelben Bäuchen und rosa Füßen und Schnäbeln. Sie waren überhaupt nicht überrascht, mich an ihrem Lieblingsplatz zu finden. Wir waren uns schon oft begegnet. Sie kannten mich. Sie schwammen im Bassin umher und pickten Insekten und Blatt-Teilchen aus dem Wasser. Die Küken folgten ihrer Mutter, wo immer sie sich hinwandte, und pickten nach allem, wonach sie pickte. Wie eine Glucke, nur dass sie schwimmen konnte und im Wasser lebte.

Eine lange, grüne Schlange schoss durchs Bassin, schwamm zwischen den Enten hindurch und schlüpfte ins Gestrüpp am gegenüberliegenden Ufer. Die Enten achteten nicht auf sie und ließen sie ihrer Wege ziehen. Auch ich hatte keine Angst. Es war eine harmlose Wasserschlange. Angst hatte ich nur vor den gefleckten Puffottern und den zischenden Grasvipern, die einen Erwachsenen in Sekundenschnelle töten können.

In den *pondo*-Bäumen über dem Bassin knabberten grüne Papageien genüsslich die Samen, die bitter schmeckten, obwohl sie süß rochen. Mit einem Aufleuchten seiner karmesinroten Flügelunterseiten glitt ein *turaco* aus den riesigen *pondo*-Bäumen herab und flog schnatternd flussabwärts.

Plötzlich war der ganze Frieden zerstört.

Der Entenvater quakte und schwamm flussabwärts, dicht gefolgt von der Entenmutter und ihren Jungen, die verzweifelt zu fliegen versuchten und sich heftig in der Strömung abmühten. Gleich darauf waren sie unter das überhängende Gesträuch geschlüpft und verschwunden.

Ich sah mich um. Was die Vögel wohl in Aufruhr gebracht hatte? Ich suchte mit dem Blick das Ufer über mir ab, dann den Flusspfad und entdeckte nichts. Außer dem Wind, der durch die Bäume strich, und dem Fluss, der zwischen den Steinen murmelte, war der Wald totenstill.

Dann hörte ich es, eine verstohlene, fast lautlose Bewegung. Ich starrte zum anderen Flussufer hinüber in die mit Lichtflecken durchsetzten Schatten. Eine ganze Zeit lang sah ich nichts. Dann nahm ich einen Hauch von einer Bewegung wahr. Etwas Dunkles überquerte einen Lichtfleck und tauchte wieder in den Schatten ein. So undeutlich war die Bewegung, dass ich nicht hätte sagen können, ob es ein Mensch oder ein Tier gewesen war. Aber ich wusste, dass die Hügel am Fluss von wilden Büffeln unsicher gemacht wurden. Deshalb war ich ziemlich beunruhigt.

Ich schnupperte. Unverwechselbar lag Büffelgeruch in der Luft.

Ein paar Wochen bevor Bwana Ruins Jagdgewehr verschwunden war, hatte er einen allein umherziehenden Büffel geschossen. Der Büffel hatte die Hirtenjungen in Angst und Schrecken versetzt und in den Wäldern um die Farm herum einige *jimis* getötet. Bwana Ruin legte die besten Büffelfleischstücke, wie Leber und Filet, für seine eigenen Hunde beiseite und erlaubte dann den Dorfbewohnern, sich am Rest des Kadavers zu laben. Das Dorf hatte noch Tage danach nach Büffel gerochen, ein Geruch, den ich mein Leben lang nicht mehr vergessen werde.

Ich war so damit beschäftigt, die Schattenstellen nach wilden Büffeln abzusuchen, dass ich die Männer erst in dem Moment sah, als sie aus dem Schatten heraus ans Ufer traten. Es waren zwei große, bärtige Männer mit zottelig herabhängenden Haaren. Sie trugen dunkelgrüne Lodenmäntel, die mit Ledergürteln zusammengehalten waren. Jeder hatte in einem Futteral ein *simi* vom Gürtel herabhängen. Einer von ihnen trug ein großes Jagdgewehr, so eines, wie es Bwana Ruin abhanden gekommen war. Der andere trug einen langen Speer mit breiter Spitze und ein *rungu*.

Der mit dem Gewehr winkte.

Ich winkte zurück. Sie kamen mir nicht wie Waldaufseher vor, und da wollte ich doch lieber heimgehen. Ich stand auf. Die Angst nagte an meinem Mut.

»Bist du von dieser Farm hier?«, fragte der Mann.

»Ja«, sagte ich.

»Kennst du Hari?«

»Ja.«

Die Männer warfen sich einen Blick zu. Der mit dem Gewehr winkte mich heran.

»Komm her«, sagte er.

»Warum?«, fragte ich.

»Ich will dich zu jemandem schicken«, sagte er. »Zu Hari.«

Er griff in die Tasche seines Lodenmantels. Ich war starr vor Schrecken.

»Nein«, sagte ich. »Schickt nicht mich. Ich muss nach Hause.«

»Warte!«, sagte er.

Aber ich hielt es nicht mehr aus zu warten. Ich sprang zur Uferkante zurück und kletterte die Böschung hinauf. Dort packte mich erst recht das nackte Entsetzen. Drei wilde Männer, die wie Büffel rochen und Speere und *rungus* trugen, versperrten mir den Weg. Einer von ihnen hatte eine lange, hässliche Narbe auf der Wange. Ich versuchte mich an ihnen vorbeizudrücken, aber einer packte mich im Nacken, hob mich hoch und schüttelte mich, so wie *jimis* ein Kaninchen im Maul halten und schütteln.

Als er mich wieder absetzte, war mein Kampfeswille erloschen. Er hielt mich im Nacken fest und sprach kein Wort, bis die anderen beiden den Fluss überquert hatten und bei uns angekommen waren.

»Weshalb läufst du weg?«, fragte der mit dem Gewehr.

»Ich will nach Hause«, jammerte ich.

Er betrachtete mich lange. Ich hatte Angst, er würde dem anderen Mann befehlen, mich in den Fluss zu werfen.

»Weißt du, wer wir sind?«, fragte er.

»Ihr seid *mau-mau*«, sagte ich. »Lasst mich gehen!«

»Du brauchst keine Angst vor uns zu haben«, sagte er zu mir. »Wir sind deine Freunde.«

»Das seid ihr nicht«, sagte ich. »Ihr stehlt Schafe und bringt Leute um.«

»Wer hat dir denn das erzählt?«, fragte er. »Dein Vater?«

»Bwana Ruin«, sagte ich. »Und die Soldaten. Wir müssen es ihnen melden, wenn wir euch sehen.«

Der Mann schüttelte den Kopf.

»Nein«, sagte er. »Das darfst du nicht. Wenn du ihnen etwas von uns erzählst, dann kommen sie und bringen uns um. Das wäre dir doch nicht recht, nicht wahr?«

»Aber ihr bringt doch selber Leute um«, sagte ich spitzfindig.

Diese Art von Logik kam mir ständig über die Lippen. Wenn ich älter als dreizehn gewesen wäre, hätte ich diese Begegnung wohl nicht überlebt und könnte diese Geschichte nicht erzählen. Sie lächelten milde und tätschelten mir den Kopf.

»Nein, wir bringen niemanden um«, sagte er. »Bwana Ruin ist ein Lügner. Alle *mzungus* sind Lügner.«

So etwas wäre mir nie in den Sinn gekommen. Da sie weiß waren wie Gott und Jesus, brachten wir sie grundsätzlich nicht mit so menschlichen Eigenschaften wie Lügen in Verbindung.

»Ich will dich zu Hari schicken«, sagte der Mann zu mir.

Er holte einen Briefumschlag aus seiner Manteltasche.

»Für Hari«, sagte er. »Du darfst ihn niemandem sonst zeigen.«

Er faltete den Briefumschlag säuberlich zusammen und steckte ihn mir in die Brusttasche meines Khakihemdes. Eigenhändig knöpfte er die Tasche zu.

»So«, sagte er. »Wenn du ihn jemand anderem zeigst, werde ich es erfahren.«

»Dann kommen wir wieder und holen dich«, sagte der Mann mit der Narbe. »Und deine Mutter, deinen Vater und deine Brüder und Schwestern holen wir auch.«

»Ich habe aber gar keine Schwester«, sagte ich.

»Die holen wir trotzdem«, sagte der Mann.

Dieser Gedanke versetzte mich in Schrecken. Ich hatte nur eine Mutter, einen Vater und einen Bruder.

Jetzt versicherten mir die fremden Männer, nicht nur diesen etwas anzutun, sondern auch noch Schwestern, die ich gar nicht hatte.

»Ich zeige ihn ganz bestimmt niemandem«, versprach ich.

»Du darfst auch keinem von uns erzählen.«

»Bestimmt nicht«, sagte ich.

»Nicht einmal deinem besten Freund.«

»Nicht einmal meinem besten Freund.«

Der Mann, der mich noch immer im Nacken hielt, der mit der Narbe, verstärkte den Griff. Es fing an, wehzutun.

»Wir schneiden dir die Zunge ab«, sagte er. »Wie würde dir das gefallen?«

»Gar nicht«, antwortete ich.

»Gut«, sagte der mit dem Gewehr. »Dann geh jetzt und denk dran. Wir lassen dich nicht aus den Augen.«

Ich nahm mir gerade noch Zeit, meine Schultasche aus dem Versteck im Gebüsch hervorzuholen. Dann lief ich nach Hause, und die Angst lief mit. Vor meinen Augen tanzten Bilder, Leoparden, die aus den Baumkronen auf mich herabsprangen, Büffel, die mich aus dem Gebüsch heraus anfielen, Schlangen, die quer über dem Weg lagen und nur darauf warteten, mich zu erwischen. Zum ersten Mal seit Jahren fürchtete ich mich, allein im Wald zu sein. Ich lief immer schneller, meine Füße trommelten auf dem Pfad, mein Mund war ganz trocken vor Angst. Ich hörte nicht auf zu laufen, bis ich aus dem Wald heraus und im Dorf angelangt war.

Drittes Kapitel

Unsere Hütte lag am anderen Ende des Dorfes in der Nähe des Farmhauses, wo Bwana Ruin mit seiner alten Frau wohnte. In großer Eile rannte ich auf der Suche nach Hari durchs Dorf, um ihm so schnell wie möglich die Nachricht zu überbringen.

Als ich bei der Hütte meiner Mutter ankam, trat sie gerade mit einem Eimer heraus. Schon drückte sie ihn mir in die Hand.

»Geh zum Fluss«, trug sie mir auf.

»Wo ist Hari?«, fragte ich.

»Bei der Arbeit«, antwortete sie. »Bei den Melkern.«

»Kann ich zu ihm gehen?«

»Weshalb?«

»Ich habe einen Brief für ihn«, sagte ich.

»Woher?«

Ich zögerte.

»Gib ihn mir«, sagte sie. »Ich hebe ihn für Hari auf.«

»Nein«, sagte ich. »Das darf ich nicht. Die haben mir nämlich gesagt ...«

»Wer hat dir was gesagt?«

»Die Leute, die ihn mir gegeben haben.«

»Welche Leute?«

Das behielt ich doch lieber für mich.

»Ach, nichts«, sagte ich.

»Du gehst jetzt Wasser holen!«, sagte sie und nahm meine Schultasche. »Und dann musst du Holz hacken. Und dann musst du noch ...«

So war sie. Pausenlos Aufträge. Genau aus diesem Grund wäre ich lieber in der Einsamkeit am Ententbassin geblieben, statt so rasch nach Hause zu kommen.

Ich nahm den Eimer und verschwand schnell hinter der Hütte auf dem Pfad, der zum Fluss führte. Ich rechnete mir aus, dass ich bald mit dem Wasser zurück sein, das Holz hacken und dann immer noch Hari bei den Melkern erwischen konnte, wenn ich schnell genug lief.

Die Dorfbewohner schöpften ihr Wasser für den Hausbedarf aus einem großen, tiefen Becken, wo der Fluss sich durch Treibholz aufgestaut hatte und einen U-förmigen See bildete. Sie stellten sich auf die großen Steine am Ufer des Sees und tauchten ihre Eimer und Kalebassen ins Wasser, ohne nasse Füße zu bekommen. Die Frauen brachten oft ihren Abwasch mit zum Fluss. Deshalb waren die Fische in diesem aufgestauten Becken gut genährt und sehr groß. Bwana Ruin kam gern zum Angeln hierher.

An diesem Tag angelte Bwana Ruin nicht. Stattdessen entdeckte ich einen kleinen weißen Jungen, der ungefähr meine Größe und Statur hatte. Sein Haar sah aus wie Stroh. Er trug einen eleganten Tweedanzug, feste Lederstiefel wie Bwana Ruin und grüne

Kniestrümpfe mit Strumpfhaltern. Er lächelte mich freundlich an.

»Hallo«, rief er.

»Hallo«, sagte ich.

Er angelte mit Bwana Ruins Angelrute, die doppelt so groß war wie er selbst. Die Schnur schien ihm Schwierigkeiten zu machen. Trotzdem hatte er eine große und zwei kleine Forellen gefangen. Stolz rief er mich zu sich herüber, um sie mir zu zeigen. Ich ließ meinen Eimer am Ufer stehen und ging hinüber, um mir den Fang anzusehen.

Aus der Nähe betrachtet wirkte der Junge eher kleiner als ich. Er hatte rote Pausbacken und blaue Augen wie die Katze meiner Mutter.

»Gar nicht übel, oder?«, sagte er.

»Nicht übel«, bestätigte ich. »Wie heißt du?«

»Nigel.«

In diesem Moment merkte er, dass etwas anbiss. Aufgeregt zog er an der Angel.

»Warte«, sagte ich. »Lass ihn die Fliege erst hinunterschlucken.«

Er riss die Angel in die Höhe. Die Schnur zischte ohne Fisch aus dem Wasser, sirrte gefährlich über unseren Köpfen und sauste über uns in den *mokoe*-Baum. Dort verfing sie sich gründlich in den Ästen.

»O je«, sagte der Junge. »Nicht schon wieder!«

Er zerrte ungeduldig an der Schnur. Offensichtlich war er nicht sehr geübt.

»Warte«, sagte ich zu ihm. »So geht die Schnur kaputt. Ich zeige dir, wie man das macht.«

Er gab mir die Angel. Ich versuchte die Schnur zu entwirren, indem ich sie vorsichtig hin- und herschwang und bald sanft, bald kräftig zog. Aber mit seinem Zerren hatte er ein völliges Wirrwarr angerichtet. Der Haken steckte in einem Ast fünfzehn Fuß über unseren Köpfen fest.

»Halt du mal die Angel, und ich klettere auf den Baum«, schlug ich vor.

»Gute Idee«, sagte er.

Ich spuckte in die Hände und rieb die Handflächen aneinander, um sie geschmeidiger zu machen, wie ich es bei den Erwachsenen gesehen hatte. Dann schlang ich Arme und Beine um den Baumstamm und kletterte los. Seit ich denken kann, klettere ich auf Bäume. Es war überhaupt nicht schwierig für mich, zu dem Ast zu gelangen, in dem der Angelhaken steckte. Ich entwirrte die Schnur und warf den Haken hinunter.

Im Baum steckten lauter Haken mit wunderschönen Federfliegen, Zeichen von Bwana Ruins Ungeduld. Ich beschloss sie fürs Erste zu lassen, wo sie waren. Später würde ich allein vorbeikommen und sie holen. Sie würden mir ein hübsches Sümmchen von den Dorfjungen einbringen, die leidenschaftliche Angler waren, obwohl ihnen das Fischen natürlich strengstens verboten war.

Der Ast des *mokoe*-Baumes, auf dem ich entlangkletterte, hing über und über voll von Früchten, was ich vorher gar nicht bemerkt hatte. Ich pflückte einige der tiefvioletten Früchte und probierte eine. Sie war rau auf der Zunge, aber süß, also aß ich weiter.

»Was isst du da?«, fragte der weiße Junge.

Ich warf ihm ein paar Früchte hinunter. Er nahm einen Bissen und spuckte ihn in den Fluss.

»Magst du sie nicht?«

»Nein«, sagte er und warf auch die anderen Früchte in den Fluss.

Ich war enttäuscht. Ich hatte schon fast geglaubt, der weiße Junge sei einfach ein Junge wie ich und müsse selbstverständlich den Geschmack dieser wilden Früchte mögen. Ich kroch weiter auf dem Ast, der bis über das Wasserbassin hing.

»Angelst du gerne?«, fragte der weiße Junge.

»Ja«, sagte ich.

»Willst du nicht auch mal einen Fisch fangen?«

»Nein«, sagte ich.

Bwana Ruin drischt jedem Jungen die Seele aus dem Leib, den er beim Angeln in seinem Fluss erwischt, erklärte ich. Nigel konnte nicht verstehen, dass der Fluss Bwana Ruin gehörte. Also musste ich es ihm gründlicher erklären.

»Diese Farm hier gehört Bwana Ruin«, sagte ich. »Das weißt du doch, oder?«

»Ja, die Farm, aber der Fluss ...«

»Der Fluss auch«, sagte ich.

Erst vor einer Woche hatten die Waldaufseher ein paar Jungen beim Angeln erwischt und Bwana Ruin übergeben. Der hatte nicht nur die Jungen ausgepeitscht, sondern zudem ihre Väter entlassen. Wenn ich jemals etwas täte, das meinem Vater die Arbeit kostete, würde er mir glatt das Fell über die Ohren ziehen. Das hatte er mir oft genug gesagt.

Der weiße Junge erzählte mir, dass da, wo er herkäme, die Flüsse allen gehörten. Jeder könne sich eine Angel nehmen und fischen gehen, wo immer er wollte.

Das klang wie ein Paradies für Jungen.

»Woher kommst du denn?«, fragte ich.

»Aus England.«

»Wo ist das?«

»In Großbritannien.«

Ich besaß ein paar Gegenstände, auf denen »Made in Great Britain« stand. Eigentlich war alles, was man kaufen konnte, von den Bleistiften über Radiergummis bis zu Kleidungsstücken, in Großbritannien hergestellt. Selbst unsere *pangas* kamen aus Großbritannien. Aber ich hatte keine Ahnung, wo dieses Großbritannien war. Ich schlug vor, wir könnten einmal abends dorthin zum Angeln gehen.

»Das ist sehr weit weg«, erklärte Nigel.

»Weiter als die Loldaiga-Berge?«

»Viel weiter.«

»Noch weiter als die Stelle, wo die Erde den Himmel trifft?«

»Viel weiter«, sagte er. »Da kommt man zu Fuß gar nicht hin.«

»Aber wie bist du denn hierher gekommen?«

»Geflogen«, sagte er. »Mit dem Flugzeug.«

Ich war zutiefst beeindruckt.

»Was, du hast ein Flugzeug?«

»Nein, nicht ich«, sagte er. »Es gehört anderen Leuten.«

»Wo ist es denn?«

»In Nairobi.«

Er muss mich für den dümmsten Kerl auf Erden gehalten haben. Damals war mir noch nicht einmal der Name Nairobi bekannt. Trotzdem wusste ich eine Menge mehr als er, wie wir später herausfinden sollten.

Er erzählte mir, dass seine Eltern in England lebten. Dort ging er auch zur Schule. Jetzt waren Sommerferien. Für diese Zeit hatten ihn die Eltern nach Kenia geschickt, die Großeltern zu besuchen. Es war seine erste Reise in die Kolonie. Es dauerte eine ganze Weile, bis mir klar wurde, dass er mit Großeltern Bwana und *Mamsab* Ruin meinte. Bis dahin hatte ich gedacht, er gehöre zu einer Familie, die hier zu Besuch war.

»Also, wenn das so ist, dann darf ich nicht mit dir zusammen sein«, sagte ich.

»Warum?«

»Bwana Ruin ist sehr *kali*«, sagte ich. »Er verhaut uns Jungen immer.«

Wieder hatte etwas an seiner Angel angebissen. Wieder riss er die Schnur zu hastig aus dem Wasser. Sie landete oben im Baum, ganz in meiner Nähe. Ich löste sie und ließ sie zurück in den Fluss fallen.

»Ich bleibe lieber gleich hier oben«, schlug ich vor.

Er lachte. Ich kroch noch etwas weiter auf den Ast hinaus, aß noch ein paar *koe* und warf die Steine in den Fluss.

Meine Mutter hat die Eigenschaft, immer dann wie ein böser Spuk aufzutauchen, wenn ich fast so weit bin, ihr Vorhandensein zu vergessen. Ich hatte eben jenen Grad von Entspannung erreicht, bei dem das Leben mehr als nur eine einzige Kette von Aufträgen zu sein scheint – da kam sie zum Fluss herabgestürmt und rief nach mir. Ich wusste nicht, ob ich in den Fluss springen sollte, denn ich fürchtete ihr scharfes Mundwerk ebenso sehr, wie ich vor den Kopfnüssen meines Vaters zitterte.

Sie fand den Eimer am Ufer, schaute vom Eimer zum Fluss und sah unentschlossen aus.

»Kariuki!«, rief sie über den Fluss.

Ich machte mich in den Zweigen flach und hoffte, sie käme zu dem Schluss, ich sei ertrunken, nähme den Eimer und ginge nach Hause.

»Hallo«, sagte der weiße Junge zu meiner Mutter.

Meine Mutter verstand kein Englisch und merkte nicht, dass der weiße Junge sie ansprach.

»Was will sie denn?«, rief der Junge in den Baum hinein.

Meine Mutter folgte seinem Blick ins Geäst, wo ich krampfhaft versuchte, unsichtbar zu sein.

»Was machst du da oben auf dem Baum?«, rief sie.

»Nichts«, antwortete ich.

»Komm sofort herunter!«, befahl sie.

Bis zu diesem Augenblick hatte ich noch keinen Gedanken an die Frage verschwendet, wie ich wohl von dem Ast herunterkommen würde, auf dem ich jetzt lag. Rückwärts kriechen ging nicht. Es waren zu viele Zweige im Weg. Also entschloss ich mich, auf dem Ast kehrtzumachen und der Nase nach herunterzuklettern. Doch auch das war nicht leichter als der Rückwärtsgang. Ich hatte das Manöver schon fast hinter mir, als ich plötzlich abrutschte, durch das Blätterwerk rauschte und mit einem gewaltigen Platsch ins Wasser fiel. Der Lärm war schlimmer als der Fall selbst. Ich sank auf den Grund, kam strampelnd wieder hoch und schrie wie am Spieß.

Ich wäre bestimmt ertrunken, wenn der weiße Junge mir nicht nachgesprungen wäre, mit allen Klamotten, und mich ans Ufer geschleppt hätte. Ich japste und spuckte Wasser. Als ich aus dem Fluss stieg, zerrte meine Mutter mich das Ufer hinauf, überschüttete mich mit dem üblichen Wortschwall und wollte dann wissen, wo das Wasser bleibe, das ich doch schon vor Jahren für sie hatte holen sollen.

Ohne mir Zeit zum Antworten zu lassen, drückte sie mir den Eimer in die Hand und sagte: »Sieh zu, dass du mit dem Wasser zu Hause ankommst, ehe ich da bin!«

Dann drehte sie sich um und lief eilig nach Hause. Ich hatte keine Zeit mehr, mich bei dem weißen Jungen zu bedanken. Ich packte den Eimer, tauchte ihn in den Fluss und rannte hinter meiner Mutter her.

Gerade als sie bei der Hütte ankam, hatte ich sie erreicht. Ich keuchte und schlotterte vor Kälte.

»Hol Feuerholz«, befahl sie.

Ich lief hinter die Hütte. Sie hatte das Holz selber gehackt, nachdem sie fast eine Stunde lang vergeblich auf mich gewartet hatte. So brauchte ich es nur noch hineinzutragen und säuberlich bei der Feuerstelle aufzuschichten. Das war schnell erledigt.

»Sonst noch was?«, fragte ich.

»Wieso, wohin willst du?«

»Nirgends.«

Aber als meine Mutter keine weitere Arbeit erwähnte, stahl ich mich aus der Hütte und rannte wieder zum Fluss hinunter. Auf halber Strecke lief ich meinem Vater über den Weg.

»Du da!«, rief er.

Ich blieb so plötzlich stehen, dass ich fast auf die Nase gefallen wäre. Er hatte seine Kochkleidung an, eine weiße Khakihose, ein weißes T-Shirt und eine grüne Schürze. Auf dem Kopf saß die Kochmütze wie ein riesiger weißer Topf.

»Wohin willst du?«, fragte er.

»Zum Fluss.«

»Zum Fluss! Was hast du dort zu suchen?«

»Nichts.«

Schon früh im Leben hatte ich gelernt, niemals die richtige Antwort zu geben. Denn oft genug erwies sich die Wahrheit als die falsche Antwort.

»Warum bist du nass?«, wollte er wissen.

»Ich bin in den Fluss gefallen.« Dieses Mal ging es nicht anders.

Er verpasste mir eine Kopfnuss, eine Angewohnheit von ihm, die ich höchst ärgerlich fand.

»Hab ich dir nicht verboten, angeln zu gehen!«

»Hab ich auch nicht gemacht«, sagte ich. »Ich war Wasser holen.«

Er lüftete seinen großen Hut, nahm etwas in einer Papiertüte Verpacktes darunter hervor und gab es mir.

»Hier, bring das deiner Mutter«, sagte er. »Und beeil dich!«

Flink wie ein Wiesel lief ich zur Hütte zurück, um den Zucker aus Bwana Ruins Küche abzuliefern. Dann rannte ich durchs Dorf hinunter zum Anglerpfad, aber einen anderen Weg als vorher, und im Laufschritt die ganze Strecke bis zum Fischteich.

Es war mittlerweile fast dunkel geworden. Der weiße Junge hatte aufgehört zu angeln. Als ich ankam, steckte er gerade seinen heutigen Fang auf einen gegabelten Stock, um ihn so nach Hause zu tragen. Er hatte noch einen zweiten großen Fisch gefangen, worauf er sehr stolz war. Die beiden kleinen Fische hängte er so auf den gegabelten Stock, wie es Bwana Ruin auch immer machte. Nun überreichte er mir das Ganze.

»Für dich«, sagte er.

»Wofür?«, fragte ich.

»Zum Heimtragen«, sagte er.

Ich nahm den Stock mit den Fischen. Soweit ich wusste, durften wir Fische nicht einmal essen. Ich wäre wirklich gern sein Freund, erklärte ich ihm, aber wenn ich Fisch nach Hause brächte, könnte ich mich ebenso gut gleich ertränken.

»Die ziehen mir das Fell über die Ohren«, sagte ich.

»Wer zieht dir das Fell über die Ohren?«

»Alle«, sagte ich. »Mein Vater, meine Mutter, Bwana Ruin ...«

»Nein, das werden sie nicht«, sagte er. »Sag ihnen einfach, dass ich dir die Fische geschenkt habe.«

Es hatte keinen Sinn, mit ihm zu diskutieren. Er hatte keine Ahnung, welch ein Graus das Leben eines Dorfjungen war. Ich hatte keine andere Möglichkeit, als nichts zu sehen, nichts zu hören, zu sagen oder zu tun.

Wir gingen miteinander den Pfad vom Fluss bis zur Weggabelung. Der Pfad nach rechts führte zum Farmhaus, der nach links zu den Behausungen der Arbeiter.

»Wie isst man so etwas eigentlich?«, fragte ich.

»Isst was?«

»Fisch.«

Er war ehrlich überrascht.

»Du hast noch nie Fisch gegessen?«

»Nein.«

»Man isst ihn wie jede andere Art von Fleisch«, erklärte er. »So wie Hühnchen.«

»Aber was macht man mit den Gräten?«

»Die nimmt man raus«, sagte er.
»Wie denn?«
»Wenn er gekocht ist, bevor du ihn isst. Deine Mutter wird sie schon für dich herausnehmen.«
Ich konnte ihm nicht gut erzählen, dass meine Mutter sich noch weniger mit Fisch auskannte als ich. Schon allein vom Fischgeruch musste sie sich übergeben. Ich wusste das, weil Hari einmal eine Forelle gefangen, gekocht und mit Stumpf und Stiel aufgegessen hatte, ganz allein übrigens, denn wie er meinte, war es zu gefährlich, mir Fisch zu geben. Meine Mutter ließ mich nachher zwei Tage lang die Töpfe schrubben, bis sie sich nicht mehr bei ihrem bloßen Anblick übergeben musste.
»Wie heißt du eigentlich?«
»Kariuki«, sagte ich.
»Rookee?«
»Kariuki.«
»Car rookie*?«
»Ja«, sagte ich.
»Schön, dass wir uns kennen gelernt haben«, sagte er.
Wir gaben uns die Hand, und er ging seiner Wege. Ich wartete, bis er außer Sicht war. So dumm war ich denn doch nicht zu glauben, ich könnte meinem Vater weismachen, dass ich die Fische von einem weißen Jungen geschenkt bekommen hatte.

---

* Nigel versteht: car = auto, rookie = Anfänger

Ich schwang die Fische hoch über meinen Kopf und schleuderte sie in die Büsche, so weit ich nur konnte.

»He, du da!«, bellte eine Stimme hinter mir.

Ich drehte mich um, in tiefstem Entsetzen. Direkt hinter mir auf dem Flusspfad stand Bwana Ruin höchstpersönlich. Er hatte seine beiden riesigen Schäferhunde, die Salt und Pepper* hießen, dabei. Es wurde gemunkelt, dass sie auf schwarze Kinder abgerichtet waren. Mir kam nicht einmal der Gedanke, wegzulaufen.

Bwana Ruin kam auf mich zu. Er war groß und breit und sehr *kali*, und es hieß, mit seinen grünen Augen könne er im Dunkeln sehen wie eine Katze.

»Was war das da eben?«, wollte er wissen.

»Nichts, Bwana.«

»Geh und hol es!«

Die Hunde knurrten mich an und warteten nur auf den Befehl, mich in Stücke zu reißen. Ich zwängte mich durch die Büsche. Die Hunde klebten mir an den Fersen. Nachdem ich eine Weile im Finstern gesucht hatte, fand ich den gegabelten Stock. Die Fische steckten noch dran. Ich brachte ihn zurück.

»Gewildert, was?«

Ich war viel zu erschrocken, um auch nur ein einziges Wort herauszukriegen. Er nahm mich am Ohr, führte mich auf die Rückseite des Farmhauses, wo die Küche lag, und rief nach meinem Vater.

---

* Salz und Pfeffer

Mein Vater kam augenblicklich aus der Küche gestürzt. Als er mich sah, erstarrte er mitten im Lauf. Er sah den Stock mit den Fischen in meiner Hand. Mord lag in seinem Blick. Ich war kurz davor, in Ohnmacht zu fallen.

»Frag ihn«, sagte Bwana Ruin. »Frag ihn, ob er weiß, dass das Angeln verboten ist?«

Mein Vater redete in unserer Sprache mit mir, was Bwana Ruin natürlich nicht verstand.

»Heute ziehe ich dir allen Ernstes das Fell über die Ohren, das schwöre ich dir«, sagte er zu mir.

»Aber, Vater…«

»Willst du etwa, dass ich meine Arbeit verliere!«

»Nein, Vater.«

»Halt's Maul!«

Ich gehorchte. Von meinem Vater bekam ich nur Befehle zu hören. Ich wüsste nicht, wann er mir je ein freundliches Wort gegönnt hätte.

»Wie oft habe ich dir schon verboten, angeln zu gehen!«

»Vater…«

»Wie oft?«

»Oft.«

»Du hörst nie zu. Stimmt's?«

»Vater …«

»Stimmt's?«

»Nein, Vater.«

Die Ohrfeige kam unerwartet und schleuderte mich in die Rosensträucher.

»Weshalb warst du angeln?«

»Ich habe nicht geangelt.«

»Dann sind dir die Fische also auf den Stock gesprungen!«

»Der Junge hat sie mir geschenkt«, sagte ich. »Der *mzungu*-Junge hat sie mir geschenkt.«

Von der nächsten Ohrfeige klingelte es mir noch lange in den Ohren.

»Das reicht«, sagte Bwana Ruin. »Geh und sag deinem Vater, er ist gefeuert.«

Mein Vater fiel fast tot um vor Schreck.

»Bwana!«, schrie er. »Ich bin sein Vater!«

Bwana Ruin blieb auf der Treppe stehen und kam zurück.

»Was soll ich mit dir machen?«, fragte er meinen Vater.

»Nichts, Bwana«, sagte mein Vater. »Ich habe es ihm gesagt, Bwana. Hundertmal ... unzählige Male. Aber ich werde ihm heute eine Lektion erteilen. Der wird nie wieder angeln gehen können, das verspreche ich.«

Ich begriff, dass ich in dieser Angelegenheit nicht mehr zu Wort kommen würde. So beschloss ich, alles zu riskieren und Bwana Ruin direkt anzureden.

»Der *mzungu*-Junge hat mir die Fische geschenkt«, sagte ich.

»Welcher *mzungu*-Junge?«

»Er meint den Bwana *Kidogo*«, sagte mein Vater.

»Nigel hat dir die Fische geschenkt?«

»Ja, Bwana«, sagte ich.

»Nigel!«, bellte er ins Haus hinein. »Nigel!«

Während wir darauf warteten, dass der Junge auftauchte, verpasste mir mein Vater eine Kopfnuss und sagte: »Heute Abend kannst du was erleben!«

Kurz darauf kam Nigel aus dem Haus, noch immer in seinen nassen Kleidern. Als er mich sah, rief er: »Hallo, Rookie.«

»Du kennst diesen Eingeborenenjungen?«, fragte Bwana Ruin.

»Ich habe ihn am Fluss getroffen«, sagte Nigel. »Er hat mir mit der Angelschnur geholfen und ist dann in den Fluss gefallen. Ich habe ihn herausgeholt.«

»Und ihm die Fische geschenkt?«

»Er wollte sie ja nicht, aber...«

»Das reicht«, sagte Bwana Ruin. »Geh und zieh dir was Ordentliches an.«

»Kann ich morgen mit ihm angeln gehen?«

»Auf keinen Fall!«, sagte Bwana Ruin. »Du darfst doch einem Eingeborenenjungen nicht das Angeln beibringen. Die räubern ja sonst die ganzen Flüsse leer. Geh jetzt und wasch dich fürs Abendessen.«

Sie gingen ins Haus zurück und ließen meinen Vater und mich einfach stehen. Wir wussten nicht, was wir miteinander reden sollten.

»Geh nach Hause«, sagte mein Vater. »Wenn ich heimkomme, reden wir darüber!«

Als ich schon wieder halb im Dorf war, merkte ich, dass ich immer noch den Stock mit den Fischen in der Hand hielt. Ich schwang ihn über meinen Kopf und schleuderte ihn in die Büsche, so weit ich nur konnte.

Dann ging ich nach Hause, um mich dem Zorn meiner Mutter zu stellen. Denn ich war ganz sicher, dass ich irgendeinen Auftrag vergessen hatte.

Viertes Kapitel

Gleich am nächsten Tag kam der weiße Junge ins Dorf. Er fand mich bis über beide Ohren eingedeckt mit zahlreichen Aufträgen, die sich meine Mutter hatte einfallen lassen, um mich zu beschäftigen und von irgendwelchem Blödsinn abzuhalten.

»Wollen wir angeln gehen?«, fragte er.

»Mein Vater macht mir die Hölle heiß«, entgegnete ich.

Er schien nicht zu verstehen, dass ich einfach nicht angeln durfte. Ich erklärte ihm, dass alle Fische im Fluss seinem Großvater gehörten.

»Das tun sie nicht«, sagte er.

»Doch, das tun sie«, sagte ich.

»Na gut. Können wir wenigstens schwimmen gehen?«

»Ich kann nicht schwimmen.«

Er würde es mir beibringen, sagte er. Die Idee gefiel mir sehr, aber ich hatte noch immer jede Menge Holz zu hacken. Er bot mir seine Hilfe an, damit wir schneller fertig wären.

Ich gab ihm die Axt. Ich musste ihm zeigen, wie man sie hält, denn er hatte noch nie zuvor eine Axt benutzt. Der erste Schlag führte fast zu einem Unglück. Das Holzstück sprang in die Höhe, flog über seinen Kopf und hätte fast Haris Hund Jimi erschlagen, der in der Nähe im Staub lag.

Ich zeigte ihm, wie man auf das eine Ende des Holzstückes treten musste, damit es nicht zurückschnellt und einen am Kopf trifft. Dann musste ich einen Schritt zurücktreten und zusehen, wie er sich fast den Stiefel abhackte. Er selbst fand das alles höchst unterhaltsam.

So waren wir fröhlich beisammen, als Hari auftauchte. Ich hatte kaum Zeit, mich zu wundern, was er an einem Werktag zu Hause machte, denn schon packte er mich bei beiden Ohren und hob mich sehr schmerzhaft in die Höhe.

»Hast du auf deinem Heimweg gestern irgendwen getroffen?«, fragte er.

»Ja«, sagte ich.

»Hast du nun oder hast du nicht?«

»Ja.«

Er setzte mich ab. Hari hatte die Angewohnheit, mich mit einer scheußlichen Links-Rechts-Kombination zu schlagen, die mein Hirn zu Rührei machte. Die linke Ohrfeige schleuderte mich nach links, und die rechte ließ mich wieder zurückprallen. Das Schlimmste an dieser Kombination war nicht allein die Wucht, die ausreichte, um jemanden bewusstlos zu schlagen, sondern das Wissen, dass nach der Linken die Rechte kam und ich nichts dagegen tun konnte. Einmal hatte ich mich geduckt. Haris Rechte hatte am Kornspeicher ein Loch in die Wand geschlagen. Daraufhin schlug er mich wirklich bewusstlos. Noch eine ganze Woche später hörte ich Kuhglocken in meinem Kopf läuten.

»Hast du nun jemanden getroffen?«, fragte er wieder.

»Nein«, sagte ich rasch.

»Haben sie dir irgendetwas für mich mitgegeben?«

»Nein«, sagte ich.

Ich hatte ihm die richtige Antwort gegeben, und so traf mich das nächste Links-Rechts ziemlich unerwartet. Mittlerweile war ich halb taub, aber ich konnte trotzdem hören, dass Hari seine Frage wiederholte. Ich griff in die Tasche meines Hemdes und gab Hari den Brief von den Leuten aus dem Wald. Das Hemd war über Nacht an der Feuerstelle trocken geworden und mit ihm auch der Brief. Hari blickte von mir zu dem Brief. Und ich musste ihm die Sachlage schleunigst erklären.

»Ich bin in den Fluss gefallen«, sagte ich.

Langsam faltete er den Brief auseinander. Er stand da und starrte darauf. Die Tinte war völlig verlaufen, und der Brief sah aus wie eine Seite aus meinen Schulheften, als ein Regenguss mich einmal auf halber Strecke zwischen dem Dorf und der Schule erwischt hatte. Ich hatte die Hefte unter den Arm gestopft, im nutzlosen Bemühen, sie trocken zu halten. Auch der Direktor hatte mich damals fast umgebracht.

Als ich Haris Gesichtsausdruck sah, wich ich zurück, um aus seiner Reichweite zu gelangen. Ich stolperte über das Holz, das der *mzungu*-Junge gerade hackte, und fiel der Länge nach rücklings in den

Staub. Hari gab mir einen Tritt in den Hintern und verschwand, wie er gekommen war.

Nigel stand inzwischen da, zutiefst verwundert, und schaute verwirrt von mir zu Hari.

»Also wirklich!«, sagte er schließlich. »Wer zum Teufel war das?«

»Hari«, sagte ich und grinste. »Mein Bruder Hari.«

»Was wollte er denn?«

»Nichts weiter«, sagte ich.

»Verdrischt er dich einfach so aus Spaß?«

Ich grinste noch mehr, um ihm zu zeigen, dass mir nichts fehlte.

»Es hat nicht sehr wehgetan«, sagte ich.

»Kannst du es denn nicht deinem Vater sagen?«

»Meinem Vater!« Ich musste lachen. »Weißt du, was der gemacht hat, als ich zum ersten Mal von der Schule nach Hause kam und ihm erzählte, ein Kerl hätte mich nach Strich und Faden verdroschen?«

Nigel schüttelte den Kopf.

»Er hat mich selbst nach Strich und Faden verdroschen. Also ging ich zur Schule zurück und habe diesen Kerl meinerseits nach Strich und Faden verdroschen. Noch am selben Abend kam dessen Mutter und beschwerte sich bei meinem Vater, und der verdrosch mich daraufhin wieder nach Strich und Faden. Da habe ich es aufgegeben, seinen Gedanken folgen zu wollen.«

Ich konnte sehen, dass Nigel immer noch nicht die Brutalität begriffen hatte, die das tägliche Leben eines Dorfjungen ausmachte.

»Schlägt dich denn dein Vater nicht?«, fragte ich.
»Nein«, sagte er. »Nie.«
»Und deine Mutter?«
Er schüttelte den Kopf.
»Und wie ist es mit deinem großen Bruder?«
»Ich habe keinen.«
Was für ein Glück, dachte ich. Es musste ja wie im Paradies sein, nie von jemandem verdroschen zu werden.
»Und die Lehrer?«
»Niemals.«
Alle Jungen sollten in England zur Schule gehen. Das Leben eines Dorfjungen war ganz und gar nicht friedlich. Jeder, vom Vater bis zum Lehrer, einfach jeder, der dazu fähig war, schlug einen, dass einem Hören und Sehen verging. Man hatte keinen Frieden, bis man älter war, beschnitten wurde und dann ein Mann war.
Mit dem Holzhacken ging es nicht voran.
Nigel schlug vor, aufzuhören.
Ich rief Haris Haupt-*jimi* und fragte ihn, ob er einen kleinen Spaziergang machen wollte. Er lag im Staub unter dem Getreidespeicher und stellte sich tot. Dann öffnete er ein trübes Auge, betrachtete mich eine ganze Weile und wandte sich ab, als wollte er sagen: Lass mich doch in Ruhe, Junge.
»Ich habe eine tolle Idee«, bedeutete ich ihm.
Er wollte sie nicht einmal hören. Er hatte die Nase voll von meinen tollen Ideen. Ein paar davon hätten ihn fast umgebracht.

Ich muss an dieser Stelle etwas erklären. Alle in unserem Dorf hatten sich einer bestimmten Rangordnung zu beugen. An der Spitze standen Bwana Ruin und jeder andere Weiße, der vorbeikam. Dann kamen die Männer aus dem Dorf, dann die Frauen und dann alle übrigen. Die unbeschnittenen Jungen und die Dorfköter standen auf der untersten Sprosse der Leiter, noch unter den Ziegen und Schafen. Wir hatten überhaupt keine Rechte. Im Dorf nicht, in der Schule nicht und auch in keinem anderen Dorf, von dem ich gehört hätte.

Aber die Hunde befanden sich in einer noch übleren Lage als wir. Ein Junge hatte wenigstens einen Namen, der ihm allein gehörte. Die Hunde hatten nicht einmal das. Kein Mensch hätte sich Zeit von den reichlichen Mühen des Alltags abgezwackt, um sich einen Namen für einen Hund auszudenken. Deshalb hieß logischerweise jeder zweite Köter im Dorf einfach Hund. Der Rest hieß *jimi*. Es war überhaupt nicht ungewöhnlich, wenn jemand drei Hunde hatte, die alle *jimi* hießen. Unnötig zu sagen, dass das für die Hunde noch verwirrender war als für die Jungen, die die von niemandem ernannten Betreuer der Dorfhunde waren.

Wenn andere Hunde dabei waren, hörte nur *jimi* auf den Namen Jimi. Er war ein reinrassiger Dorfköter, wie alle anderen auch, eine seltsame Mischung aus Labrador, Windhund und Dalmatiner. Weil er größer und bissiger war als die anderen, war er der unumstrittene Vorsitzende des Clubs der harten

Hunde. Und da er der älteste Hund im Dorf war, war er der Vater und Großvater der meisten anderen Dorfköter.

Ich stubste ihn sachte mit dem Fuß.

»Komm, Kaninchen jagen!«, sagte ich. »Du wirst schon ganz fett und faul und hässlich.«

Jimi erhob sich, schleppte sich ein paar Schritte unter den Kornspeicher und legte sich wieder hin.

»Dann lassen wir ihn eben«, sagte ich zu Nigel. »Wir können ja die anderen *jimis* mitnehmen.«

Ich pfiff Haris andere Hunde herbei. Nur weil eine solche Einladung von mir selten war, entschlossen sie sich, mitzukommen. Als Jimi sah, dass wir ohne ihn zu irgendwelchen Abenteuern aufbrachen, erhob er sich, schüttelte sich den Staub aus dem Fell und nahm seinen Platz an meiner Seite ein.

Wir zogen durchs Dorf, immer in sicherer Entfernung von den Wegen, auf denen wir meinem Vater oder meiner Mutter hätten begegnen können. Dann liefen wir durch den Wald zum Fluss hinunter.

Unterwegs schlossen sich uns unzählige andere Köter an, die gerade nichts Besseres zu tun hatten. Wir folgten dem Pfad am Fluss und entfernten uns flussaufwärts vom Dorf und vom Farmhaus.

Nigel war noch nie in einem so großen, urwüchsigen Wald gewesen. Alles schien ihm neu und wundersam, vielleicht sogar verzaubert, wie er immer wieder sagte. Was wir auf unserem kurzen Spaziergang am Fluss entlang sahen, flößte ihm Ehrfurcht ein. Die Vögel, die Bäume, die Insekten, alles war neu für ihn. Zu allem hatte er Dutzende von Fragen. Bald war es klar, dass er über meine Welt genauso wenig wusste wie ich über seine. Nur war meine näher und viel größer, als ich mir seine überhaupt vorstellen konnte.

Ganz benommen von den Geräuschen und Gerüchen unseres Zauberwaldes sprang er herum wie ein aufgeregtes Hündchen, schwang sich an den Lianen durch die Luft, sprang über Wurzeln und Felsen, brüllte dabei furchtlos und ließ seine mageren Muskeln spielen.

»Ich Tarzan!«, sagte er. »Du Rookie!«

Ich hatte keine Ahnung, wovon er redete. Er drehte sich um und sprang in Stiefeln und Kleidern in einen flachen Teich. Ich fand es sehr lustig. Dieser weiße Junge, der von nichts eine Ahnung hatte, wuchs mir ans Herz. Ich würde ihm noch viel beibringen müssen.

»Zeig mir, wie das mit dem Schwimmen geht«, sagte ich.

»Ich habe keine Badehose mit«, sagte er.

»Du schwimmst in einer Hose?«

»Du etwa nicht?«

»Nein.«

Er lachte, als ich ihm erzählte, dass ich nur zwei Shorts besaß. Die eine trug ich zu Hause, und die andere war für die Schule. Ich wusste nicht einmal, dass es Unterwäsche gab.

Ich zog Hemd und Hose aus, rollte sie zu einem Knäuel zusammen und stopfte sie in einen Hohlraum unter den Wurzeln eines *mokoe*-Baumes. Diesen Trick hatte ich schon früh gelernt. Wenn Flussaufseher auftauchten, rannte ich einfach nackt davon und kam dann später zurück, um meine Sachen zu holen.

Ich sprang in das eiskalte Wasser. Es reichte mir bis an die Knie. Zum Schwimmen nicht tief genug, aber tief genug zum Planschen. Nigel zog sich auch aus und kam ins Wasser. Er versuchte mir zu zeigen, wie man sich vom Wasser tragen lässt.

Den Hunden wurde es langweilig. Sie liefen weg und suchten sich etwas zu fressen.

»Der Teich ist zu flach«, sagte Nigel.

»Wir werden schon einen anderen finden«, meinte ich.

Wir stiegen aus dem Wasser und zogen uns an. Dann gingen wir weiter den Fluss entlang. Wir kamen nicht schnell vorwärts, denn Nigel musste alles anschauen, befühlen, riechen. Über alles wollte er etwas wissen. Über die Bäume, die Vögel und die Milliarden von Insekten, die in den Flechten und im Moos am Boden lebten. Er hatte viele Bücher über die Natur gelesen. Aber gesehen hatte er etwas so Schönes noch nie.

»Kannst du lesen?«, fragte er.

»Ja.«

»Kannst du auch schreiben?«

»Ja.«

Er war in der sechsten Klasse, ich in der fünften. Ich erzählte ihm von unserer Schule. Zum Beispiel wie »Information Nr. 1« uns die Seele aus dem Leib prügelte, wenn wir zu spät kamen.

Wir trafen auf einen gewaltigen Zug dicker, schwarzer Ameisen, die über den Weg liefen. Nigel kniete nieder und beobachtete sie. Ich saß auf einem Holzklotz am Ufer und erzählte ihm, wie sie während der letzten Regenzeit unsere Hütte überfallen hatten und wie wir schlaflose Nächte damit verbracht hatten, sie zu bekämpfen.

Seine blauen Augen waren voll Erstaunen. Ich zweifelte keinen Moment daran, dass er wie Bwana Ruin im Dunkeln sehen konnte!

»Wie wehrt ihr euch denn gegen etwas so Kleines?«, fragte er.

»Wir ziehen uns aus«, erklärte ich, »damit sie sich nirgends verstecken können. Dann pflückt man sie sich vom Körper, eine nach der anderen, und wirft sie ins Feuer. Danach schüttelt man die Kleider über dem Feuer aus, sodass der Rauch sie blind macht. Zum Schluss verbrennt man alte Fahrrad- oder Autoreifen, um sie aus der Hütte zu vertreiben. Wenn man keine Reifen hat, sind alte Schuhe oder Gummistiefel genauso gut.«

Nigel fand das sehr lustig. Er grinste über sein ganzes sommersprossiges Gesicht.

Er hatte eine Schachtel Streichhölzer bei sich. Nun schlug er vor, ein paar Fische zu angeln und über einem Feuer zu braten.

»Wir haben aber keine Angel«, wandte ich ein.

»Komm mit«, sagte er und sprang vom Holzklotz.

Eine Zeit lang versuchten wir mit bloßen Händen, Fische zu fangen, ein Trick, den er aus einem Buch kannte. Aber schließlich mussten wir uns mit den violetten Früchten der *mokoe*-Bäume zufrieden geben, die wild und üppig am Fluss wuchsen. Ich überlegte, ob ich ihn zum Ententeich führen und meinen Enten vorstellen sollte. Aber dann fand ich, dass ich ihn noch nicht gut genug kannte.

Die Hunde kamen zurück und machten Lärm im Unterholz. Sie hechelten atemlos. Einige leckten sich die blutverschmierten Lefzen. Sie hatten etwas gejagt und gefressen und waren demnach erfolgreicher gewesen als wir. Nigel meinte, wir sollten sie überreden, uns etwas zu fangen.

Ich musste ihm erklären, dass die *jimis* niemals lernten, einem etwas zu bringen. Diejenigen, die etwas gejagt hatten, teilten die Beute so schnell untereinander, dass man einen Augenblick später nur noch am Blut und an ein paar Fellstückchen sah, dass sie eben ihr Mittagessen nachgeholt hatten. Wer nicht dabei war, wenn der Hase zu Boden ging, musste sich damit zufrieden geben, das Blut der Beute von den Blättern und dem Gras zu lecken.

»Deshalb muss man schnell sein«, erklärte ich.

»Ich bin schnell«, sagte er.

Ich rief die *jimis* und besprach den Jagdplan mit ihnen. Als Dorfköter von undefinierbarer Herkunft und zweifelhafter geistiger Schulung starrten sie gelangweilt in die Bäume. Man hätte meinen können, sie hätten das alles schon längst gehört.

Ich wandte mich an Haris Jimi und gab ihm den Befehl, die anderen in Reih und Glied zu halten und darauf zu achten, dass Nigel und ich unseren Anteil von der Beute abbekämen.

Jimi warf mir einen bösen Blick zu, aber er hatte verstanden. Er ließ einen gelangweilten Blick über den Fluss streifen und winselte seinen Hundekumpels irgendetwas zu. Dann erhob er sich, durchquerte platschend den Fluss und verschwand im Unterholz. Die anderen folgten ihm.

Fünftes Kapitel

Wir platschten hinter den Hunden her durch den Fluss und folgten dann ihrem lauten Geraschel durchs Gestrüpp. Je tiefer wir in den Wald eindrangen, umso dichter und dunkler wurde er. Das Gelände, zum Teil felsig, zum Teil weicher schwarzer Boden, stieg stetig an, je weiter wir den Fluss hinter uns ließen.

Nigel kämpfte sich hinter mir ab. Seine Haare verfingen sich in den herabhängenden Ästen, und er kam nur langsam voran. Ein- oder zweimal hielt ich an, damit er mich wieder einholen konnte.

»Bist du schlapp?«, fragte ich.

»Nein«, sagte er.

»Hast du Angst?«

»Ein bisschen«, sagte er. »In einem solchen Wald bin ich noch nie gewesen.«

»Das ist noch gar nichts«, sagte ich. »Warte mal ab, bis wir zum Liki kommen.«

Wir stürmten weiter, immer den Lauten der Hunde nach, die sich direkt vor uns einen Weg durch das Buschwerk brachen.

Stunden später, so kam es uns vor, gelangten wir aus dem dichten Wald hinaus auf eine grasbewachsene Hochebene. Hier konnten wir die Hunde sehen, wie sie sich ihren Weg durch das Gras und die Büsche erschnüffelten, die um die verstreuten Zedern herum wuchsen.

Die Büsche hingen voll von Wildbeeren. Es gab sehr giftige darunter, aber die meisten waren essbar. Ich versuchte Nigel zu erklären, welche welche waren.

»Du darfst niemals Beeren essen, die du nicht kennst«, sagte ich. »Du könntest sonst sofort sterben.«

»Aber wie soll ich erkennen, welche welche sind?«, fragte er.

»Beobachte die Vögel«, riet ich. »Alles, was sie nicht essen, darfst du nicht berühren. Jeder Beerenstrauch ohne Vögel ist giftig.«

Er hätte schon viel über den Dschungel gelesen, erklärte er mir. Aber was er hier zu Gesicht bekäme, sei größer und ehrfurchterregender als alles, was er sich je vorgestellt hatte. Er erzählte mir von einem afrikanischen weißen Mann namens Tarzan, der mit den Affen auf den Bäumen lebte und der König des Dschungels sei.

»Der ist mir noch nie begegnet«, sagte ich.

Der einzige König des Dschungels, den ich kannte, war ein einäugiger Riese mit zwei Mäulern, einem vorne am Kopf, einem hinten. Dieses Ungeheuer lebte in den Höhlen oben in den Bergen. Wir nannten es den Riesen mit dem Säckchen, denn es hatte einen Beutel über der Schulter hängen, in dem es seine menschlichen Opfer davontrug, hauptsächlich Kinder, die unartig gewesen waren.

Ich wollte Nigel gerade von Old Moses, dem Warzenschwein erzählen, als plötzlich kurz vor uns eine fünf Fuß lange Schlange mit einer unglaublichen Geschwindigkeit über den Weg glitt. Nigel bückte sich nach ihr, um sie am Schwanz zu erwischen. Ich packte seine Hand und riss ihn zurück. Die Schlange schoss davon, verfolgt von einigen *jimis*, die offenbar noch nie etwas mit einer Kobra zu tun gehabt hatten.

»Ich habe keine Angst vor Schlangen«, meinte Nigel.

Seine Dummheit und Unwissenheit schienen grenzenlos. Ich gab ihm ein paar wichtige Überlebensratschläge. Viele Schlangen seien harmlos, erklärte ich. Aber man wisse manchmal nicht sicher, welche welche waren. Deshalb solle man bei jeder Schlange, die dicker als ein kleiner Finger sei, davonrennen wie ein Hase.

Vor uns kläffte Haris Jimi. Er jagte mit höchster Geschwindigkeit hinter einem aufgeschreckten Hasen her. Wir liefen hinterher. Die anderen *jimis* ließen sein, was immer sie gerade aufgespürt hatten, und schlossen sich der Jagd mit lautem Gejaule an. Der Hase lief so schnell, dass er nur noch wie ein hochspringender, im Zickzack hin- und hersausender Fellball aussah. Er schoss in die Büsche hinein und wieder heraus und zog seine Spur wie einen Webfaden durch das hohe Gras, sodass die Hunde, die ihn verfolgten, ganz verwirrt wurden. Sie rasten alle ineinander und kugelten über die Ebene.

Die Jagd führte uns über die Hochebene zum Liki-Tal. Nach einem halben Kilometer erstarb das Kläffen. Wir rannten weiter, weil wir dachten, die *jimis* hätten den Hasen gefangen. Aber als wir ankamen, schnüffelten sie verwirrt am Boden herum. Wir begriffen, dass der Hase ihnen in ein Loch entwischt war. Die Hunde versuchten wie verrückt, den Hasen wieder aus dem Loch herauszukriegen, das für keinen von ihnen groß genug war, um selber hineinzukriechen.

Haris Jimi beschloss, das Loch aufzubuddeln. Er fing an zu graben.

»Das dauert Stunden«, sagte ich.

»Wir legen ein Feuer«, sagte Nigel. »Wir räuchern den kleinen Mistkerl einfach aus!«

Das schien uns die beste Idee. Wir sammelten trockenes Gras und häuften es über das Loch. Als wir soweit waren, das Feuer anzuzünden, sah ich auf und entdeckte unseren Hasen. Er war aus einem Fluchtausgang etwa fünfzig Fuß von uns entfernt herausgehüpft und saß jetzt da, schaute uns zu und wunderte sich, was zum Teufel wir vorhatten.

»Jimi!«, rief ich, so leise ich konnte.

»Guck doch mal, Jimi, da ist er ja!«

Haris Jimi buddelte unverdrossen weiter. Die anderen sahen zu.

»Jimi!«, schrie ich gellend. »Schau!«

Aber bis die Hunde begriffen, wovon ich redete, war der Hase schon hundert Meter weiter auf und ab und hin und her, als wäre der Teufel hinter ihm her.

Wir folgten ihm, so schnell und zielstrebig wir konnten. Er führte uns den Hügel hinab, direkt in den dichten Busch, der sich das Lila-Tal entlangzog. Mit aufgeregtem Gekläffe rasten die Hunde hinter dem Hasen her in den Wald hinein. Wir blieben am Waldrand und suchten einen anderen Weg durch das dornige Unterholz. Schließlich mussten wir auf allen Vieren durch die erste Gebüschreihe kriechen. Etwa hundert Meter im Innern des dunklen, kalten Waldes konnten wir uns wieder aufrichten.

»Könnten wir nicht eine kleine Pause machen?«, fragte Nigel erschöpft.

Seine Schuhe brächten ihn um, erklärte er. Ich selbst hatte noch nie Schuhe getragen und konnte mir deshalb nicht vorstellen, was er durchmachte. Trotzdem ruhten wir uns ein bisschen aus. Wir setzten uns auf einen umgestürzten Baumstamm.

Nigel hatte noch nie eine solche Jagd erlebt. In England rannte man nicht bei der Jagd. Man schlich sich an das Wild heran und schoss ihm in den Kopf, bevor es überhaupt merkte, dass man da war. Das machte keinen Spaß und war überhaupt nicht aufregend. Ganz anders als hier!

Wir hörten, dass das Kläffen der Hunde mehrmals die Richtung änderte. Der Hase schien die *jimis* auf eine harte Runde durch den ganzen Wald führen zu wollen. Dann wurde das Kläffen schwächer und schwächer, bis es in der Ferne ganz erlosch.

»Ob sie ihn wohl gefangen haben?«, fragte Nigel und zog die Schuhe wieder an.

»Kann sein«, sagte ich. »Vielleicht haben sie aber auch herausgefunden, dass sie die ganze Zeit ihrem eigenen Echo nachgejagt sind.«

Wir lauschten noch ein paar Minuten. Ohne den Lärm der Hunde wirkte der Wald unheimlich, fast gespenstisch. Die Schatten wurden dunkler, die Stille lastete auf uns, und indem sie sich mit dem Wind in den Baumkronen verband, machte sie die Einsamkeit um uns herum noch größer. Angst löste sich aus den Schatten und kroch durch das Unterholz auf uns zu. Um mir die Angst vom Leibe zu halten, pfiff ich nach den Hunden.

Die Stille war bedrückend.

»Man braucht sich hier vor nichts zu fürchten«, sagte ich, um mein wachsendes Unbehagen zu verstecken. »Ich bin schon oft allein in diesem Wald gewesen.«

»Ehrlich?« Nigel konnte es fast nicht glauben.

»Mit *jimis*«, sagte ich.

Wir blieben noch eine Weile sitzen und warteten darauf, dass die Hunde zurückkämen.

»Es wird dunkel«, sagte Nigel.

Er hatte Recht. Die Schatten waren unmerklich länger geworden. Der kalte Hauch des Liki-Flusses kam das Ufer zu uns heraufgekrochen. Es war höchste Zeit, heimzugehen.

»Was ist mit den Hunden?«, fragte Nigel.

»Die kennen den Weg nach Hause«, antwortete ich.

Plötzlich hörten wir ganz in der Nähe ein Bellen, gefolgt von einem Geräusch, das klang, als ob ein riesengroßer Baum langsam umfällt. Die *jimis* stimmten ihren Jagdgesang an.

Nigel hatte offensichtlich Angst. »Was war das?«

»Ich weiß nicht«, gab ich zurück.

Er rückte dicht an mich heran. Auch ich hatte ziemliche Angst. Mit angehaltenem Atem warteten wir darauf zu erfahren, wie wir das Leben lassen müssten.

Das niederstürzende Geräusch wurde immer stärker. Es brauste durch den Wald wie ein wütender Sturm. Wir klammerten uns an unseren Baumstamm und lauschten, wie das Hundegekläff irgendein Tier vor sich hertrieb, genau auf uns zu.

Dann brach das Geräusch mit einem gewaltigen Brüllen über uns herein. Es nahm die Gestalt eines undeutlichen schwarzen Schattens an. Sein bloßes Vorbeistürmen warf uns von unserem Baumstamm herunter, dann war es schon wieder in der Dunkelheit verschwunden.

»Mensch! Was ist denn das?«, schrie Nigel.

»Ein Büffel«, stieß ich atemlos hervor.

Die Hunde schossen an uns vorbei, als wäre der Teufel hinter ihnen her.

Nigel sprang auf und rannte den Hunden nach.

Ich stürzte hinter Nigel her, packte ihn am Arm und lenkte ihn in eine ganz andere Richtung. Er merkte erst nach einem Weilchen, was ich da tat.

»Was? Laufen wir ihnen nicht nach?«, rief er.

»Nein«, sagte ich, während wir immer weiter rannten.

»Aber wenn sie ihn fangen?«

»*Jimis* fangen niemals einen Büffel«, erklärte ich. »Büffel töten *jimis*. Und Menschen.«

»Aber warum verfolgen sie ihn dann?«

»Sie haben ihn noch nicht erkannt.«

Wir liefen immer weiter. An einer Waldecke nahmen wir eine Abkürzung quer durch den Wald, um so weit wie möglich von unserem ursprünglichen Weg entfernt aus dem Tal herauszukommen. Wir waren völlig außer Atem, als wir auf die grasbewachsene Hochebene kamen. Links von uns konnten wir die Hunde hören, die immer noch lauthals kläfften. In langsamerem Tempo gingen wir weiter.

Nigel machte sich Sorgen um die Hunde. Ich erklärte ihm, er brauche sich um sie nicht zu kümmern und solle lieber an uns denken. Wir waren noch meilenweit von zu Hause entfernt, und es wurde immer dunkler.

Bei ihm zu Hause, sagte Nigel, hinge man sehr an den Hunden. Manchen Leuten bedeuteten sie mehr als die Menschen.

»Wie finden sie denn den Heimweg?«, fragte er besorgt.

»Hunde können im Dunkeln sehen«, sagte ich. »Die kommen schon nach Hause.«

»Aber wann?«

»Wenn der Büffel aufhört zu rennen«, sagte ich.

»Die *jimis* sind dann so überrascht, dass sie noch vor uns zu Hause sind.«

Kurz darauf hörten wir ein wütendes Gebell in der Ebene zu unserer Linken. Unmittelbar darauf ertönte ein gewaltiges Konzert aus Hundewinseln und -jaulen. Der Büffel hatte aufgehört zu rennen. Die *jimis* machten sich zweifellos auf den Heimweg.

»Beißen sie?«, fragte Nigel.

»Nein«, erklärte ich. »Sie benutzen ihre riesigen Hörner. Damit schleudern sie einen *jimi* in die Luft und stampfen dann auf ihm herum, sobald er zu Boden fällt. Ein einziger Stoß ihrer Hörner kann eine Hütte zerstören.«

Die Sonne war schon lange hinter den Loldaiga-Bergen untergegangen. Es wurde ziemlich kühl. Wir mussten laufen, um zu Hause zu sein, bevor die Dunkelheit uns überraschte.

Die Dunkelheit kam, als wir das letzte Waldstück vor der Furt durch den Nanyuki-Fluss durchquerten. Nigel war starr vor Angst. Er stieß mich ständig an, weil er so nahe wie möglich bei mir bleiben wollte. Ich selbst stieß dauernd gegen Bäume. Dass ich im Dunkeln nicht gut sehen konnte, war mir nicht neu.

»Ich habe solche Angst«, sagte Nigel.

»Nimm meine Hand«, antwortete ich.

Als ich seine Hand gut im Griff hatte, sagte ich: »Jetzt führst du und ich lasse mich führen. Ich kann nämlich im Dunkeln nichts sehen.«

»Ich doch auch nicht.«

»Was ist denn mit deinen Augen?«

»Nichts.«

»Warum siehst du dann nichts im Dunkeln?«

»Im Dunkeln können doch nur Katzen sehen«, erklärte er, »und Hunde und Eulen.«

»Weshalb sind dann aber deine Augen so blau? Wie bei einer Katze?«, fragte ich.

»Das weiß ich nicht«, sagte ich. »Manche Leute haben blaue Augen, manche grüne, manche braune oder schwarze. Wie du.«

»Aber Bwana Ruin kann doch im Dunkeln sehen«, sagte ich.

»Nein, das kann er nicht«, erwiderte Nigel. »Er hat genau die gleichen Augen wie ich.«

Was für eine Enthüllung!

Wir stolperten weiter.

»Kann er Gedanken lesen?«, fragte ich kühn.

»Nein.«

»Aber im Dorf erzählt man, er könne einem in den Kopf hineinschauen und sehen, was man denkt.«

»So ein Unsinn!«, sagte Nigel. »Das kann doch niemand.«

»Aber sieht er einem denn nicht ins Herz hinein?«, fragte ich, »sodass er weiß, wenn man lügt?«

»Überhaupt nicht«, sagte Nigel. »Er ist ein Mensch wie jeder andere auch.«

Eine noch viel größere Enthüllung!

Ich brannte darauf, ins Dorf zurückzukommen und dieses Wissen zu verkünden. Ich wusste zwar, dass mir keiner glauben würde. Aber trotzdem konnte ich es kaum erwarten, all das weiterzuerzählen.

Sechstes Kapitel

Sonntags gingen wir immer in die Kirche. Wir waren zwar keine Spur gläubiger als unsere Eltern, die nie zur Kirche gingen, aber unser Direktor, »Information Nr. 1«, verdrosch jeden, der nicht hinging, nach Strich und Faden. Seiner Meinung nach gab es keine größere Sünde, als sonntags nicht zur Kirche zu gehen.

Zack!

»Information Nr. 1!«, predigte er uns an jedem Montagmorgen. »Egal, ob eure Eltern Barbaren, Heiden oder Ungläubige sind, ihr habt zur Kirche zu kommen wie immer, in Schuluniform und zur rechten ...?«

»Zeit!«

Noch Jahre später glaubte ich, Barbaren, Heiden und Ungläubige seien so eine Art Monster.

Zack!

»Information Nr. 2! Egal, ob eure Mütter Protestanten, Muslime oder Katholiken sind, ihr habt zur Kirche zu kommen wie immer, in Schuluniform und zur rechten ...?«

»Zeit!«

Zack!

»Information Nr. 3! Egal, ob euer Vater Chief, Dieb oder Hexer ist, ihr habt zur Kirche zu kommen wie immer, in Schuluniform und zur rechten ...?«

»Zeit!«

Und wehe dem, der nicht kam.

Also gingen wir zur Kirche. Da unsere Schule katholisch war, gingen wir alle in die katholische Kirche, die vier Kilometer außerhalb der Stadt lag. Italienische Kriegsgefangene hatten diese Kirche während des Zweiten Weltkriegs gebaut, lange bevor wir geboren wurden.

Es war ein langes, schmales Gebäude mit einem hohen Glockenturm und bleigefassten Fenstern, durch die man, wenn das Licht richtig einfiel, den Himmel sehen konnte, mitsamt Gott und den Engeln, die ihr heiliges Licht über die Betenden im Inneren der Kirche ergossen. An den Längswänden gab es Bilder und Statuen von Heiligen und anderen frommen Menschen.

Die Kirche unterstand Pater Mario, einem ekelhaften kleinen Priester italienischer Herkunft. Jeden Sonntag vor der Messe schritt er die Seitenschiffe ab, wo wir zu stehen hatten, da wir unsere Plätze den Erwachsenen überlassen mussten. Jedem, aber auch wirklich jedem, der ihm ungewaschen vorkam, verpasste er eine Kopfnuss. Dazu schickte er alle die nach Hause, deren Uniform ihm für seine Kirche nicht gut genug erschien.

Auch in der Kirche war alles nach einer strengen Rangordnung gegliedert. Bwana Ruin samt Familie und die anderen Weißen saßen in den vordersten Reihen. Sie hatten Kissen zum Sitzen und Knien. Gleich hinter ihnen saßen unsere Lehrer, allerdings ohne Kissen zum Draufsitzen oder Knien. Dann folgte der Rest, die Männer auf der rechten Seite, die Frauen auf der linken. Die Mädchen durften bei ihren Müttern sitzen. Die Jungen hatten hier wie überall keinerlei Rechte.

Niemand beklagte sich über diese Einteilung. Es schien ganz natürlich, dass die Weißen, die ja enge Verwandte der Heiligen waren, in der Kirche wie im Leben Vorrechte genossen.

Was wir jedoch nie richtig verstanden, war, weshalb unser Direktor, der doch eine Autorität Gottes auf Erden war, nicht vorne bei den heiligen Leuten sitzen durfte.

An dem Tag, als ich Nigel dort bei seinen Großeltern und dem Rest seiner Rasse entdeckte, war ich von ganzem Herzen stolz. Ich hatte endlich einen Freund in hoher Stellung.

Aber als ich versuchte, aus Nigel herauszubekommen, wie weit oben er stand, begriff er überhaupt nicht, wovon ich redete.

»Stimmt es, dass ihr Vettern ersten Grades von Jesus seid?«

»Von welchem Jesus?«

»Christus.«

Er war verwirrt.

»Meinst du …?«

»Den Sohn Gottes.«

»Spinn doch nicht«, sagte er ganz ernst.

Ich muss ihm manchmal mit meiner Ahnungslosigkeit regelrecht Angst gemacht haben. Aber eigentlich war ich weniger ahnungslos als verwirrt durch das Sammelsurium an Informationen, die ich mir bei den Dorfjungen und anderswo zusammengeklaubt hatte. Das alles musste ich jetzt überprüfen, bevor ich meine Ruhe wieder fand.

Später verstand ich natürlich, dass wir alle die Kinder des gleichen Gottes sind. Und nicht nur wir Dorfkinder, überhaupt nicht nur die Kinder, sondern alle Menschen auf der ganzen Welt, sogar »Information Nr. 1«. Aber diese Erkenntnis kam später. Viel später. Zu spät, um irgendeine Wirkung auf meine Freundschaft mit Nigel zu haben.

Mittlerweile hatte Nigel sich in eine wahre Jagdleidenschaft hineingesteigert. Jede freie Minute wollte er zum Jagen nutzen. Drei- oder viermal am Tag kam er ins Dorf und fragte, ob ich mit ihm jagen ginge.

Aber es war die Zeit der Kartoffel- und Bohnenernte, und meine Mutter hatte ständig ein wachsames Auge auf mich.

»Mir ist langweilig«, klagte er. »Ich habe keinen, mit dem ich spielen kann.«

»Dann spiel doch mit Salt und Pepper«, schlug ich vor.

Doch die Hunde seines Großvaters waren es auch leid, dauernd Fangen zu spielen. Und Nigel wollte unbedingt jagen gehen.

»Erst muss ich noch die Bohnen zu Ende pflücken«, sagte ich.

Und so kam er, wann immer es ging, und half mir bei der Ernte, in der Hoffnung, dass wir schnell fertig würden und jagen gehen konnten. Wir beide müssen damals einen ganzen Vorratsspeicher voll gepflückt haben.

Er trug nun nicht mehr seinen Tweedanzug, sondern Khakishorts und Hemden. Wenn er sich in der Nähe von Mutters Hütte aufhielt, zog er die Schuhe aus und ging barfuß, um auszuprobieren, wie das war.

Dafür zog ich seine Schuhe an und spazierte damit herum, um meinerseits zu sehen, wie es sich in Schuhen ging.

Es dauerte Tage, bis die Ernte eingebracht war. Mit der Zeit wurde Nigel eine vertraute Erscheinung im Dorf, besonders in der Nähe von Mutters Hütte. Die Dorfkinder hörten bald auf, hinter ihm herzulaufen und *Bwana Kidogo*, kleiner Herr, zu singen. Sie nannten ihn jetzt einfach *kamzungu*, das heißt kleiner weißer Mann.

Aber der Tag, an dem Nigel *ugali* aß, wurde für unser Dorf zu einem historischen Ereignis. Ich weiß nicht, wie es sich herumsprach, dass der kleine weiße Mann mit mir in Mutters Hütte saß und *ugali* aß. Vielleicht waren es die *jimis* von Hari, die es ihren Kollegen weitergesagt hatten; die wiederum hatten es den Dorfjungen zu verstehen gegeben, und diese brachten das ganze Dorf mit, um es mit eigenen Augen zu sehen.

So versammelten sich alle im Hof meiner Mutter, um das Ereignis zu bestaunen. Meine Mutter, die sie nicht wegjagen konnte, war ganz verstört. Die Leute drängten sich im Eingang, schauten zu den Fenstern herein und spähten durch die Spalten in den Wänden. Es dauerte lange, bis auch der Letzte einen Blick erhascht, darüber nachgedacht und sich überzeugt hatte, dass der kleine weiße Mann tatsächlich *ugali* aß.

»Hast du ihn gezuckert?«, fragten sie meine Mutter.

»Nein«, sagte sie.

Aber sie glaubten ihr nicht und fragten, ob sie probieren dürften. Worauf meine Mutter, deren Geduld schließlich erschöpft war, ihnen das Fenster vor der Nase zuschlug. Mit der Tür konnte sie das allerdings nicht machen, denn wir brauchten das Licht.

Nigel verstand unsere Sprache immer noch nicht. Er wunderte sich, was denn da vor sich ging. Schließlich musste er fragen.

»Warum starren alle herein?«

»Du isst *ugali*«, sagte ich.

»Du doch auch«, meinte er.

»Aber ich bin kein *mzungu*.«

»Wo ist da der Unterschied?«

»*Mzungus* essen doch nur Süßes.«

Im Dorf wurde erzählt, dass die weißen Leute sich ausschließlich von Kuchen und Süßigkeiten ernähren. Daraus schloss man auch, dass *mzungus* nur Schokolade und Honig absondern. Woher diese Geschichte eigentlich kam, hätte keiner sagen können.

Aber ich habe die *jimis* im Verdacht, denn nur sie schnüffeln hinter den Büschen herum, um zu schauen, was die Menschen dort hinterlassen.

Dass dieser Teil der Geschichte vom weißen Mann nicht stimmte, wusste ich genau. Ich hatte es an jenem Tag überprüft, als die *jimis* Ärger mit dem Büffel hatten, nach Hause gehumpelt kamen und mich des Verrats bezichtigten. Ich hatte es bis jetzt noch niemandem erzählt. Ich hatte mir geschworen, es so lange für mich zu behalten, bis die Schule wieder anfing. An jenem Tag hatte ich nämlich hinter den Büschen herumspioniert, nachdem Nigel dort gewesen war, und herausgefunden, dass dieses Gerücht völliger Blödsinn war.

Dennoch stimmte es, dass nicht einmal Bwana Ruins Hunde, Salt und Pepper, *ugali* mochten.

»Wie schmeckt es dir?«, fragte ich Nigel.

»Es ist O.K.«, sagte er. »Es schmeckt gut.«

»Wie Brot?«

»Ja«, sagte er. »Wie Brot ohne Zucker.«

Meine Mutter sagte den Leuten, sie sollten gehen und uns in Ruhe unsere Mahlzeit essen lassen. Nigel sei ein ganz gewöhnlicher Junge, ein Mensch wie sie auch. Sie widersprachen, wurden ziemlich rüde und bestanden auf ihrem Recht, stehen zu bleiben und zuzuschauen. Wenn ich älter gewesen wäre, hätte ich vielleicht Eintritt kassiert. Aber damals reichte es mir völlig, der beste Freund dieser Sehenswürdigkeit zu sein.

Ich weiß nicht, wie mein Vater davon erfuhr, der gerade das Mittagessen in Bwana Ruins Küche zubereitete. Er kam die Dorfstraße heruntergerannt, ergriff ein gewaltiges Stück Holz am Wegrand und trieb in seiner weißen Kochkleidung, in der er wie ein wild gewordenes Gespenst aussah, den Volksauflauf auseinander. Im Handumdrehen hatte er den Hof von allen Zuschauern und *jimis* gesäubert. Dann stand er im Eingang, schnaubte wie ein Nashorn und bedachte mich mit einem Blick, der mich hätte töten können.

»Heute zieh ich dir aber wirklich das Fell über die Ohren, das schwöre ich dir«, sagte er zu mir.

Er war ein Mann, der nicht viele Worte machte. Zu Nigel gewandt sagte er nur: »Komm, Bwana Kidogo, dein Mittagessen ist fertig.« Damit nahm er ihn fest an der Hand, zog ihn aus der Hütte und durchs Dorf bis zum Haus seines Großvaters, wo gewiss leckere Sachen darauf warteten, verspeist zu werden.

Mein großer Tag zerfiel zu Staub. Bedrückt und traurig blieb ich zurück und fragte mich, warum nur alles, was ich tat, so aussah, als legte ich es absichtlich darauf an, dass mein Vater seine Arbeit verlöre.

Nigel kam an diesem Tag nicht wieder. Später erfuhr ich, dass sein Großvater ihn dazu gezwungen hatte, im Nanyuki-Sports-Club Tennis zu spielen.

Als ich mit meinen Aufträgen fertig war, rief ich Haris Jimi und wir machten einen Spaziergang am Fluss, um uns ein wenig zu trösten. Schließlich kamen wir zu meinem Ententeich, ließen uns nieder und lauschten stundenlang dem Wasser, wie es über die Felsen schoss. Jimi wurde es zu langweilig. Er ging heim und ließ mich allein vor mich hinbrüten.

Bis zum Sonnenuntergang blieb ich sitzen. Ein- oder zweimal stieg mir von den Wäldern her ein schwacher Büffelgeruch in die Nase, aber ich sah und hörte nichts.

Die Entenfamilie zeigte sich nicht. Ich machte mir Sorgen, denn ich wusste nicht, ob sie von wilden Tieren getötet und gefressen worden war oder ob sie zu einem anderen Teil des Flusses gezogen war, wo sie sich sicherer fühlte.

In der folgenden Nacht, gegen Mitternacht, als ich schon einige Stunden geschlafen hatte, kam mein Vater von Bwana Ruins Küche nach Hause und weckte mich. Er riss mich aus einem Albtraum heraus. Als ich die Augen aufschlug und er so drohend über mir stand, wusste ich, nun hatte er sich endgültig entschlossen, mich in den Wald zu bringen und mir dort das Fell über die Ohren zu ziehen.

»Mutter!«, schrie ich.

»Wirst du wohl still sein!«, sagte er.

»Hari!«

»Ruhe!«

»Mutter!« Ich war außer mir vor Angst. »Er bringt mich um!«

Er gab mir eine Ohrfeige, dass mir fast der Kopf von den Schultern flog. Der Schreck machte mich stumm – wenigstens so lange, dass ich endlich hörte, was er sagte.

»Steh auf!«, befahl er.

Das Feuer brannte noch gleichmäßig und hell.

Ich bemerkte, dass wir allein im Raum waren. Hari schlief in seiner eigenen Hütte, die direkt neben unserer stand. Mutter und Vater schliefen in einem Anbau neben dem Raum, der uns tagsüber als Küche und Wohnzimmer diente. Ich selbst schlief auf einer Plattform, die aus Ästen und jungen Stämmen gebaut war. Ein Notbett, hart und rau, aber wenn ich mich abends hinlegte, war ich meistens so müde, dass ich es überhaupt nicht spürte.

»Zieh dich an!«, sagte mein Vater.

Da gab es keinen Zweifel mehr für mich, er hatte sich entschlossen, seine Drohungen wahr zu machen. Ich wunderte mich, dass meine Mutter nicht kam, um mich zu retten, denn ich wusste, dass sie mich liebte. Wahrscheinlich hatte er sie schon umgebracht.

»Setz dich!« Ich saß auf einem Stuhl ihm gegenüber, das Feuer zwischen uns, und wartete ergeben auf mein Schicksal. Er hatte seine weiße Kochkleidung ausgezogen und trug sein gewöhnliches braunes Hemd und die geflickte Cordhose. Wäre nicht sein böser Blick gewesen, er hätte fast menschlich ausgesehen. Von irgendwoher zauberte er ein Stück Kuchen hervor, das er aus der Küche mitgebracht hatte, und gab es mir.

»Iss!«

Ich konnte mein Glück nicht fassen! Kuchen zu bekommen, bevor man umgebracht wird!

»Ich tue dir doch nichts!«, sagte er.

Nicht zum ersten Mal glaubte ich ihm nicht, was er sagte.

Er zog einen übel riechenden Zigarettenstummel hervor und steckte ihn an. Vom Fluss herauf kam das unheimlich gellende Kreischen des Baumschliefers*. Nigel war zu Tode erschrocken, als er dieses Geräusch zum ersten Mal hörte. Dann hatte er mir weismachen wollen, dass der Baumschliefer ein Vetter ersten Grades des Elefanten sei. Diesen ganzen Quatsch hatte er in einem Buch gelesen.

»Ich habe mit dir zu reden!«, sagte mein Vater.

Ich aß meinen Kuchen und wartete. Er hatte seine Worte ebenso schlecht im Griff wie seine Gefühle. Er brauchte lange, bis er sie sortiert hatte.

»Halt dich von dem kleinen weißen Mann fern!«, sagte er.

»Warum?«, fragte ich.

»Warum?«, wiederholte er.

Seine Hand fuhr drohend in die Höhe bereit, mich bis in die hinterste Ecke der Hütte zu schleudern. Dann fiel ihm ein, dass er hatte reden wollen und nicht schlagen.

»Willst du, dass ich rausfliege?«

»Nein«, sagte ich.

»Dann halt dich von diesem Jungen fern!«

---

* Baumschliefer sind kaninchengroße, urtümliche Säugetiere, die in felsigen Gebieten Afrikas und Westasiens leben. Zoologisch sind sie nahe verwandt mit Elefant, Nashorn und Tapir.

Unsere kleine Unterhaltung schien beendet. Er zog an seiner Zigarette. Ich schlang meinen Kuchen hinunter und hätte wieder ins Bett gehen können. Da räusperte er sich und begann zu sprechen.

»Die Weißen sind nicht so wie wir!«, sagte er. »Sie mögen ... vieles nicht. Uns hassen sie sogar. Sie wollen nicht, dass wir ihren Fußboden betreten. Ich muss immer die Schuhe ausziehen, bevor ich zur Arbeit in die Küche gehe. Sie wollen nicht, dass wir ihr Essen essen oder ihre Getränke trinken. Sie wollen nicht, dass wir irgendetwas anfassen. Sie wollen nicht, dass unsere Kinder mit ihren Kindern spielen. Und sie wollen nicht, dass ihre Kinder unser Essen essen!«

»Warum?«

»Warum?«

Darüber musste er erst einmal lange nachdenken. Und selbst danach war seine Antwort nicht einleuchtender als alles andere, was er mir erzählt hatte.

»Sie könnten davon sterben«, sagte er.

»Warum?«

»Warum?«

Er zog an seiner Zigarette. Ich hatte noch nie eine so ausgedehnte Unterhaltung mit meinem Vater gehabt. Ich war begeistert. Diese langen, gedankenschweren Pausen waren sehr eindrucksvoll, sehr tiefschürfend. Irgendwo in meinem Herzen, ganz tief im Innersten, unter den vielen Schichten von Scheu, Abscheu, Angst und tiefstem Entsetzen, die seine Gegenwart in mir hervorriefen, hatte ich einen leisen Stolz, eine gewisse Achtung für meinen Vater.

»Sie sind unser Essen nicht gewöhnt!«, sagte er.

»Nigel mag *ugali*«, sagte ich.

»Er soll aber kein *ugali* essen!«

»Warum?«

»Warum?«

Es machte ihm große Schwierigkeiten, genau das anzusteuern, was er mir sagen wollte. Sein Blick, sein Wollen, sein ganzes Sein flehten mich um Hilfe und Verstehen an.

»Wenn er aber krank würde!«, sagte er leise. »Weißt du, was mit mir passiert, wenn er krank würde und stürbe?«

»Nein.«

»Ich würde rausfliegen!«, sagte er. »Ich würde meine Stelle verlieren!«

Und damit nicht genug. Sie würden ihn in den Wald bringen und aufhängen. Dann würden sie meine Mutter holen und auch sie in den Wald bringen und aufhängen.

»Und«, fuhr mein Vater fort, als reichte das alles noch nicht, um mich zu Tode zu ängstigen, »dann würden sie dich holen! Und Hari!«

Ich glaubte nicht, dass mein Vater mich absichtlich belog. Er selbst glaubte bestimmt jedes Wort, das er sagte. Und so zweifelte ich auch nicht daran.

Der Ernst und die Angst in seinen Augen waren echt. Deshalb versprach ich ihm, dem weißen Jungen nie wieder *ugali* zu geben. Aber er wollte noch mehr.

Ich sollte auch versprechen, den kleinen weißen Mann nie wieder zu treffen. Ich versprach es. Denn ich konnte mir nicht denken, dass er von einem dreizehnjährigen Jungen erwartete, so ein Versprechen auch zu halten. Wenn er das wirklich erwartete, dann war er nicht nur kurzsichtig, sondern regelrecht dumm. Und kein Junge möchte seinen eigenen Vater in diesem Lichte sehen.

»Geh jetzt ins Bett!«, befahl er.

Glücklich kletterte ich zurück auf meine Plattform und schlief auf der Stelle ein.

Die ganze Angelegenheit hatte unangenehme Folgen. Die Dorfjungen wussten jetzt, dass der kleine weiße Mann ein Mensch war wie sie. Von diesem Tag an bildete sich jeder Rüpel und jeder Angeber ein, er müsse ihn niederboxen oder tüchtig verdreschen, als ob dies für ihre Position im Club der Dorfrowdys nötig wäre. Für mich fing damit eine ganz schön harte Zeit an, da ich meinen kleinen weißen Mann, wie man Nigel nannte, verteidigen musste und ab und zu selber einiges einsteckte.

Siebtes Kapitel

Ich konnte das Zusammensein mit dem kleinen weißen Mann einfach schon deshalb nicht vermeiden, weil er gar nicht von unserem Hof fern zu halten war. Wie er mir sagte, war ich sein einziger Freund. Aber *ugali* habe ich ihm nie mehr angeboten.

Wir saßen im Hof, spielten Murmeln und dachten an alles Mögliche, um unsere Gedanken abzulenken von seiner ersten und einzigen Liebe, dem Jagen. Immer wieder brachte er das Thema zur Sprache. Ich ließ mir alle möglichen Ausreden einfallen und sagte, die *jimis* seien krank, oder Jimi, der Haupthund, sei mit Hari nach Nanyuki unterwegs.

Hin und wieder nahm sein Großvater ihn auf eine ganz andere Art von Jagd mit. Im offenen Landrover fuhren sie weit hinaus in die Ebene, wo es reichlich Wild gab. Von Laufen und Nachjagen war da keine Rede. Sie fuhren dicht an die Tiere heran, manchmal bis auf Steinwurfnähe, und hielten dann das Auto an. Die Tiere blieben stehen und beobachteten sie neugierig. Bwana Ruin stellte sich im Auto auf den Sitz und jagte ihnen eine Kugel in den Kopf. Dann lud er die Kadaver auf und brachte sie für seine Hunde nach Hause.

»Wir essen kein Fleisch vom Wild«, sagte Nigel.

Ich erklärte ihm, wir würden uns nicht um Tiere bemühen, die wir nicht essen könnten. Wie Zebras zum Beispiel.

»Ihr esst kein Zebrafleisch?«

»Natürlich nicht«, sagte ich. »Die sind doch mit dem Esel verwandt. Eselfleisch essen wir nicht.«

»Was für Fleisch esst ihr denn?«

»Alles Mögliche«, sagte ich. »Büffel, Antilopen, Gazellen. Alle Tiere, die mit Kühen und Ziegen verwandt sind. Alles andere essen wir nicht.«

»Aber Hasen sind doch auch nicht mit Kühen verwandt«, wandte er ein.

»Bei Hasen ist es etwas anderes.«

»Wieso?«

»Sie schmecken wie Huhn.«

Das schien er auch zu finden.

»Ich habe noch nie Büffel gegessen«, sagte er.

»Bwana Ruin schießt aber dauernd Büffel. Hast du schon mal Warzenschwein gegessen?«, fragte ich dann.

»Nein.«

»Ich schon.«

»Wie schmeckt das?«

»Ich weiß nicht mehr. Es ist schon so lange her.«

Wir saßen beim Hühnerauslauf, in der Nähe von Haris Hütte. Wir hockten auf zwei löcherigen Eimern, die vom Rost ganz braun waren, und wären fürs Leben gern schwimmen gegangen.

»Wann nimmst du mich wieder mal zum Jagen mit, Rookie?«

»Ich weiß nicht«, sagte ich. »Bwana Ruin will nicht, dass du mit mir irgendwohin gehst.«

»Wer hat denn das gesagt?«

»Mein Vater«, antwortete ich.

»So ein Quatsch«, meinte Nigel. »Er hat mir nur gesagt, dass ich nicht ins Dorf gehen soll. Vom Angeln oder Jagen hat er nichts gesagt.«

»Aber du bist trotzdem gekommen!«

»Zu Hause habe ich keine Freunde, niemanden zum Spielen. Nur meine Oma. Und bei der darf ich nichts anfassen. Sie sagt, ich tue mir sonst weh. Bei alten Leuten ist es so langweilig.«

»Schlagen sie dich?«

»Nein.«

»Mein Vater schlägt mich immer«, erzählte ich. »Ich muss ständig aufpassen, dass ich nichts falsch mache.«

»Mein Vater schlägt mich nie«, erklärte Nigel stolz.

»Und deine Mutter?«

»Auch nie.«

»Ich werde immer von allen verhauen«, sagte ich. »Nur meine Mutter haut mich nie.«

Es war eine erstaunliche Entdeckung für mich, einen Jungen kennen zu lernen – auch wenn es ein *mzungu* war –, der tatsächlich seinen Vater gern hatte. Bisher war ich der Meinung gewesen, Jungen könnten ihre Väter nicht verstehen und gern haben schon gar nicht. Es sollte noch ein Weilchen dauern, bis ich meinen Vater verstand und begriff, dass seine harte, unnahbare Haltung nicht zu den unentbehrlichen väterlichen Eigenschaften gehörte, sondern etwas war, das aus äußerster Not entsprang, aus der alles beherrschenden Notwendigkeit, uns zu beschützen und für uns zu sorgen.

»Liebst du deinen Vater?«, fragte er mich.

»Ich weiß nicht recht«, sagte ich. »Aber meinen Bruder Hari mag ich. Obwohl der mich auch schlägt.«

Nigel erzählte, dass er nun bald zurück zur Schule nach England führe. Er wäre so gerne nur noch ein einziges Mal vor der Abreise jagen gegangen.

»Ach, ich weiß nicht«, sagte ich. »Ich will doch nicht, dass mein Vater seine Arbeit verliert.«

Bald danach meinte Nigel, er hätte Hunger. Wir konnten das *ugali* riechen, das meine Mutter für das Mittagessen kochte, und er ließ durchblicken, dass er gerne etwas davon bekäme. Da konnte ich doch nicht einfach nein sagen. Aber andererseits wollte ich auf keinen Fall meine Eltern hängen sehen. Also wählte ich das kleinere Übel und sagte: »Komm, wir gehen jagen.«

»Wirklich?!« Er war ganz außer sich.

»Wenn die *jimis* mitgehen«, meinte ich. »Sonst gehen wir eben schwimmen.«

Als ich Haris Jimi unter dem Kornspeicher hervorlockte und ihm erzählte, worum es ging, war er höchst widerwillig. Er nahm es mir immer noch übel, dass ich ihn in einen Kampf mit einem wilden Büffel geschickt hatte. Ich entschuldigte mich bei ihm, obwohl es wirklich nicht meine Schuld gewesen war.

Ein alter Hund wie er sollte doch den Unterschied zwischen einem Hasen und einem Büffel kennen. Ich wies ihn darauf hin, dass es mindestens ebenso sehr seine Schuld gewesen war wie meine. Schließlich willigte er ein, unter der Bedingung, dass wir allem aus dem Wege gingen, was größer war als ein Warzenschwein, und allem, was Reißzähne und Krallen hatte. Das passte mir gut. Ich hatte gerade den Entschluss gefasst, Old Moses aufzuspüren, ein einzelgängerisches Warzenschwein, das scheinbar niemals alt wurde und weit weg in der Loldaiga-Ebene jenseits des Liki-Flusses lebte. Old Moses war das größte und älteste Warzenschwein, das ich je gesehen habe. So groß wie ein Büffelkalb. Aber es war ein richtiges Warzenschwein, und damit war meine Abmachung mit Jimi erfüllt.

Jimi versammelte seine Getreuen, die *jimi*-Freunde und alle Dorfköter, die mitkommen wollten, und wir brachen zum größten Abenteuer unseres Lebens auf.

Mit mindestens fünfzehn Dorfkötern entfernten wir uns auf wenig benutzten Pfaden und Schleichwegen aus dem Dorf. Wir wollten nur ja nicht meinem Vater oder sonst jemandem begegnen, der vielleicht etwas gegen unsere Expedition einzuwenden gehabt hätte. Kleine Kinder kamen gelaufen, um den kleinen weißen Mann mit Grußworten zu bombardieren. Ihre größeren Brüder versuchten dagegen zu protestieren, dass wir ihre Köter auf unsere private Jagd mitnahmen. Einer forderte uns zum Kampf heraus, aber wir hatten keine Zeit. Wir übersahen ihn einfach und drängten weiter.

Andere *jimis* sahen uns davonziehen und liefen uns nach, um die Langeweile des Dorflebens totzuschlagen. Als wir an den Nanyuki-Fluss kamen, begleitete uns eine wirre Meute von mindestens dreißig Hunden verschiedenster Rasse und Färbung, alles Veteranen der einen oder anderen Jagd. Manche von ihnen humpelten wegen eines Fehlers, den sie irgendwann einmal in ihrem gefährlichen Leben begangen hatten.

Wie ein Sturm brausten wir durch den Wald. Dabei suchten wir unter jedem Baumstumpf und jedem Busch, ließen keinen Schlupfwinkel und keine Ritze aus und machten genügend Lärm, um alles Wild zu verjagen. Ich muss wohl nicht betonen, dass wir nicht ein einziges Tier aufstöberten, welcher Art auch immer. Unsere wilde Truppe war meilenweit zu hören. Kreuz und quer im Unterholz verliefen Fährten wie ein fein geknüpftes Netz. Die *jimis* wurden dadurch ganz verwirrt und aufgeregt. Aber wir blieben zusammen wie ein Wirbelwind, bis wir auf die offene, grasbewachsene Hochebene zwischen den Flüssen kamen.

Hier stellte sich uns die erste große Herausforderung. Überall sprangen Hasen auf. Zu Tode erschrocken rasten sie herum, verschwanden in ihren Löchern wie von Geisterhand gelenkt und tauchten wieder auf. Begeistert jagten die Hunde ihnen nach, obwohl wir Einspruch erhoben. Sofort war die ganze

Ebene voll von Hunden, die Kaninchengänge aufbuddelten und dabei alle möglichen Überraschungen zu Tage förderten. Sie fanden zwei Giftschlangen, einen Fuchs, ein Frettchen und eine müde, alte Hyäne, die keine Lust hatte zu kämpfen und sich so schnell wie möglich in den Wald verzog.

Ich fasste Haris Jimi im Nacken, schlang ihm meinen Gürtel um den Hals und zerrte ihn, nachdem ich ihn an unsere Abmachung erinnert hatte, über die Ebene hinunter in den Liki-Wald. Die meisten Hunde begleiteten uns. Haris Jimi folgten sie durch dick und dünn. Ich zweifelte nicht daran, dass auch die anderen nachkommen würden, sobald sie begriffen, wie fruchtlos es war, ein Labyrinth von Kaninchengängen aufzugraben, das wie ein unterirdisches Straßennetz unter der ganzen Ebene verlief. Die Hasen konnten dort meilenweit laufen, ohne auch nur ein einziges Mal aufzutauchen. Das hatte ich seit unserer letzten Jagd von einem alten Fachmann im Jagen gelernt, nämlich von meinem Bruder Hari.

Wir rannten durch den Liki-Wald und erreichten Stunden später die Loldaiga-Ebene, eine scheinbar endlose Steppe, die sich bis zum Horizont im Westen erstreckt. Bis zu den Loldaiga-Bergen hin war sie völlig eben. Das Gras wuchs hier hoch und üppig. Das Wild gedieh und vermehrte sich ganz prächtig, so weit entfernt von den Farmen und dem Vieh der Farmer.

Zahllose Zebras, Gazellen und Giraffen zogen ungehindert umher. Ihre Herden waren bis zu dem

Dunststreifen am Horizont verstreut. Es gab auch Löwen und wilde Hunde, aber wir kriegten keine zu Gesicht. Es kostete uns viel Mühe, unsere Hunde davon zu überzeugen, dass sie kein einziges dieser weidenden Tiere fangen würden. Den Tieren der Steppe stand die ganze Welt zum Weglaufen zur Verfügung.

Als ich Nigel Jimi zum Halten gab und auch er fand, dass wir Gazellen jagen sollten, kletterte ich auf eine knorrige, alte Akazie, um über das Gras hinweg Ausschau zu halten. Ich suchte nach Old Moses, unserem Abenteuer für den Tag. Zunächst erschien mir die Gegend, wo er sein Revier hatte, verlassen. Ich fürchtete schon, er wäre gestorben oder in einen anderen Teil der Wildnis gezogen.

Ich wusste, dass Warzenschweine an ihr Revier gebunden sind. Wenn sie erst einmal eine Stelle gefunden haben, wo ihnen der Boden zusagt, graben sie sich eine Höhle als Wohnung und bleiben in ihrer Nähe, bis sie sterben. Sie entfernen sich nur so weit von ihrem Bau, dass sie jederzeit auf direktem Wege hineinstürmen können.

Tief im Gras, knapp einen Kilometer vor uns, sah ich einen Erdhügel, den ich zuerst für einen Ameisenhaufen hielt. Ich wusste, dass gut hundert Meter von dieser Stelle entfernt seine Höhle lag.

Ich konnte mich an diesen Hügel nicht erinnern, und da ich schon mehrmals vorher hier gewesen war, wusste ich sofort, was es war. Ich kletterte vom Baum herunter.

»Hast du ihn gesehen?«, fragte Nigel gespannt.

»Ja«, antwortete ich. »Er schläft gerade.«

»Warum?«

»Das weiß ich nicht«, sagte ich. »Vielleicht ist er müde.«

Jimi spitzte die Ohren. Er hörte jedes Wort. Ich nahm ihn am Gürtel und führte ihn in die Richtung, wo das schlafende Warzenschwein lag. Wenn er es im Schlaf überraschen konnte, hatten wir vielleicht eine Chance, es zu fangen.

Ganz vorsichtig führte ich ihn durch das hohe Gras und hielt dabei immer wieder an, um auf das Warzenschwein zu lauschen. Aber alles, was ich hörte, waren die Hunde, die unbekümmert im Busch herumstreiften und so viel Lärm machten, dass sie das ganze Flachland hätten aufwecken können. Trotzdem pirschten wir uns weiter vor, um zu unserer Beute zu gelangen, bevor die anderen *jimis* eintrafen. Manche hatten sich so weit von uns entfernt, dass sie nur wenig Aussicht hatten, uns heute wiederzufinden.

Ich hätte eigentlich wissen müssen, dass man Old Moses nicht überraschen konnte. Schon gar nicht mit so vielen Hunden, die durch die Steppe streunten. Als wir die Stelle erreichten, wo ich ihn hatte schlafen sehen, stand er längst auf seinen kurzen, stämmigen Beinen und blickte in unsere Richtung, gespannt, was da wohl aus dem hohen Gras auftauchen würde.

»Mein Gott!«, rief Nigel. »Was um alles auf der Welt ist denn das?«

»Old Moses«, erklärte ich.

Er war für ein Warzenschwein sehr groß, fast so groß wie ein kleines Nashorn. Seine dicke, schwarzbraune Haut war vom Alter kahl. Er hatte kurze, kräftige Beine, einen wuchtigen, mit kürbisgroßen Warzen übersäten Kopf und eine lange, spitze Schnauze mit schwarzen Haarbüscheln obendrauf. Seine bösen kleinen Augen waren fast geschlossen. Aber das Eindrucksvollste an diesem alten Warzenschwein waren die Zähne. Riesige, seltsam geformte, säbelartige Hauer, bernsteinfarben vom Alter, ragten seitlich aus seiner Schnauze heraus und standen fast einen Fuß lang, nach außen und oben gebogen, rechts und links vom Kopf vor.

»Mensch!« Nigel war völlig überwältigt.

»Vorsicht«, warnte ich. »Er ist gefährlich.«

Wir standen da, Auge in Auge mit Old Moses. Ich spürte, wie Jimi an meiner Seite zitterte. Nicht etwa aus Angst. Ich kannte ihn als furchtlosen Hund. Aber auch er war beeindruckt von der Größe und dem Furcht erregenden Anblick des Tieres vor uns.

Ich machte Jimi los. Er blieb an meiner Seite, eine Pfote erhoben, außer Stande den ersten Schritt zu tun, und betrachtete die Beute. Die anderen *jimis* hatten natürlich nicht die leiseste Ahnung, wo wir waren.

Old Moses schnaubte wütend und schüttelte zur Warnung seinen riesigen Kopf. Wir wichen nicht von der Stelle. Nachdem er eine Weile dieses Drohverhalten an den Tag gelegt hatte, kam er näher. Ganz langsam, mit gemessenem Schritt.

»Jimi?«, sagte ich leise. »Fass ihn!«

Jimi überlegte es sich zweimal. Er war eben kein gewöhnlicher Dorfköter.

Old Moses beschleunigte seinen Schritt.

»Jimi?«

»Er hat Angst«, sagte Nigel.

»Jimi hat nie Angst«, verteidigte ich ihn.

Old Moses kam schnell näher. Seine abgehackte, hüpfende Bewegungsart ließ ihn in Fahrt kommen. Bald würde er in vollem Tempo auf uns zubrausen. Dann konnte ihn nur noch ein Baum aufhalten.

»Jimi!«

Jeden Augenblick würde Old Moses uns jetzt über die halbe Steppe schleudern, wenn Jimi nicht schleunigst etwas unternahm.

Jimi entschloss sich einen Moment zu spät. Wir bemerkten es zwar, aber er selbst merkte es aus irgendwelchen Gründen nicht. Knapp zwanzig Meter vor uns trafen die beiden, Kopf voran, aufeinander, das Warzenschwein mit Volldampf. Es gab einen gewaltigen Zusammenstoß. Unser Jimi flog im hohen Bogen durch die Luft und verschwand irgendwo hinter uns im hohen Gras.

Ich griff nach Nigels Hand, bereit, um das nackte Leben zu laufen. Da bremste das Warzenschwein plötzlich und hielt, in eine riesige Staubwolke gehüllt, gut fünf Meter vor uns an. Wie ein böser, alter Vulkan wirbelte es im Kreis herum. Mit durchdringendem Blick suchte es seinen Gegner. Jimis Wehklagen hörten wir irgendwo in den Büschen.

»Mensch!«, rief Nigel. »Hast du das gesehen?«

Die Jagd schien zu Ende, bevor sie überhaupt angefangen hatte. Unsere vorderste Linie war vollkommen zerstört, aufgerieben, während der Rest unserer Streitkräfte auf der Suche nach anderen Abenteuern auf der Steppe zerstreut war.

Jetzt blieb uns nur noch eins: Wir mussten Old Moses seiner Wege gehen lassen, Haris Jimi, oder das, was von ihm übrig war, einsammeln und nach Hause gehen, um einen neuen Feldzug zu planen.

Ich erwog gerade ernsthaft unseren Rückzug, als unerwartet zwei von Jimis Freunden auftauchten. Ohne sich groß zu kümmern, was da gespielt wurde, gingen sie direkt auf Old Moses los. Der war völlig überrascht. Auch er hatte die Schlacht für beendet gehalten und sich als Sieger gefühlt. Aber als gerissener alter Kämpfer nahm er sie begeistert und energisch wieder auf.

Von dem Spektakel angezogen, erschienen weitere *jimis* auf der Bildfläche und schlossen sich der Keilerei an. Old Moses war zahlenmäßig unterlegen, aber keiner der Gegner konnte es mit ihm an Tempo und Stärke aufnehmen. Er schnaubte wütend, grunzte, wirbelte umher und schleuderte die zähen, kleinen Köter so lange in der Gegend herum, bis er genug hatte.

Dann drehte er sich um und entfernte sich, den kurzen Schwanz himmelwärts gerichtet, in Höchstgeschwindigkeit durch die Büsche. Die Hunde setzten ihm nach. Haris Jimi tauchte aus einem Gebüsch auf, immer noch leicht benommen, und stürmte der Meute nach. Wir bildeten den Schluss und rannten, was das Zeug hielt, um mitzukommen. Es ging durch das hohe Gras zu einer freien Fläche. Die Hunde holten das Warzenschwein allmählich ein. Mindestens zwanzig kräftige *jimis* hatten sich der Beute bedrohlich genähert. Sie rannten, als wäre der Teufel hinter ihnen her, und kläfften, dass man es über die ganze Steppe hören musste.

Old Moses raste weiter. Seine kurzen Beine arbeiteten wie eine Maschine, sein wuchtiger Kopf drehte sich bald nach rechts, bald nach links, um die Verfolger im Blick zu behalten. Jedes Mal, wenn die Hunde ihm ungemütlich nahe kamen, schoss er, ohne das Tempo zu ändern, herum, wirbelte sie im Staub durcheinander und raste dann wieder wie der Blitz davon. Aber er ermüdete allmählich, das konnte man sehen. Sein Tempo wurde langsamer, und sein Schnauben und Grunzen klang nicht mehr so kräftig.

Wir ließen nicht locker. Ich brüllte hinter den Hunden her, sie sollten ihn fassen. Mit Haris Jimi, der jetzt wieder die Führung übernommen hatte, schien das sehr wahrscheinlich. Dann, ganz plötzlich, gerade als die Hunde ihre äußersten Kräfte sammelten, um Old Moses zu erreichen, hielt er an. Er wandte sich um und stand uns gegenüber. Die *jimis* waren von dieser Wendung so überrumpelt, dass sie, statt sich sofort auf ihn zu stürzen und ihn zu überwältigen, ebenfalls anhielten und sich fragten, was er wohl vorhatte.

Dann setzte Old Moses sich in Trab. Aber nicht vorwärts, wie die Hunde es erwartet hatten, sondern rückwärts, und das in einem solchen Tempo, dass er uns sprachlos zurückließ. Als die Hunde endlich begriffen hatten, was passiert war, saß das Warzenschwein sicher in seiner Höhle und lachte sich ins Fäustchen.

Nun stürmten die *jimis* los, stießen am Eingang der Höhle zusammen und stritten sich darum, wer als Erster hinein durfte. Sie verkeilten sich im Eingang und wären wohl erstickt, wenn ich nicht einen Stock genommen und dem Pack Verstand eingebläut hätte. Sie wichen zurück und warteten ab.

Ich fragte nach Freiwilligen. Sie meldeten sich alle. Alle außer Haris Jimi, der älter und klüger war.

Wir entschieden uns für den magersten Freiwilligen. Er war ein übereifriger, kleiner *jimi* ohne jeden Verstand. Wir schoben ihn mit dem Kopf voran in die Festung des alten Warzenschweins. Er passte gut hinein und schlängelte sich mit erstaunlicher Begeisterung vorwärts. Dann traten wir ein wenig zurück und warteten, was passieren würde.

Er war kaum ein paar Sekunden lang verschwunden, als wir ein gedämpftes Rumoren unter der Erde hörten. Dem folgte alsbald ein angsterfülltes Jaulen. Dann kam der kleine *jimi* rückwärts aus der Höhle geschossen, wirbelte durch die Luft und landete in einer mächtigen Staubwolke einige Meter von uns entfernt am Boden. Wie tot lag er da. Danach gab es keine Freiwilligen mehr.

Wir hatten ziemlich schnell erreicht, was man ein Patt nennt. Das Warzenschwein blieb drinnen, wir blieben draußen.

Ich fragte, ob jemand einen guten Vorschlag hätte. Haris Jimi meinte, wir sollten nach Hause gehen. Die anderen *jimis* waren der Auffassung, wir sollten die Gazellen und das Steppenwild jagen, das sie meilenweit entfernt im Dunst grasen sahen.

»Das hat keinen Sinn«, teilte ich ihnen mit.

Die Tiere, auf die sie es abgesehen hatten, hatten zahlreiche, erheblich besser geplante Jagden überlebt. Raubtiere, die intelligenter und entschlossener waren, als irgendein *jimi* jemals sein würde, nämlich Löwen, wilde Hunde und Hyänen, hatten immer wieder versucht, die Gazellen zu fangen.

»Wenn ihr glaubt, ihr könnt es besser, dann probiert es meinetwegen«, sagte ich. »Aber nicht, dass ihr hinterher behauptet, ich hätte euch nicht gewarnt.«

Die *jimis* murrten, aber sie blieben bei uns.

»Räuchern wir ihn doch aus«, schlug Nigel vor.

Diese Idee hörte sich gut an. Tatsächlich war es überhaupt die einzig mögliche.

Wir sammelten Ästchen und trockenes Gras, schichteten es über dem Eingang auf und steckten es an. Der Wind ging aber in die falsche Richtung, sodass auch das nicht klappte. Schließlich gaben wir auf. Wir waren endgültig an einem toten Punkt angelangt.

Den Hunden wurde es langweilig. Sie verschwanden in den nahen Büschen.

»Noch irgendwelche heißen Tipps?«, fragte ich Nigel.

»Warten wir, bis er hungrig wird.«

»Das kann Tage dauern.«

Tagelang konnten wir nicht warten. Nicht einmal stundenlang. Schon bald würde es Nacht sein. Jetzt, wo ich wusste, dass Nigel gar nicht wie eine Katze im Dunkeln sehen konnte, machte ich mir Sorgen wegen der Dunkelheit.

»Wir holen Salt und Pepper«, schlug er vor. »Die haben vor nichts Angst.«

Ich muss zugeben, er steckte voller Ideen. Leider konnten wir im Moment keine davon gebrauchen.

»Es wird dunkel, bevor wir nach Hause kommen«, sagte ich zu ihm.

Eine Horde aufrührerischer *jimis* hatte es sich in den Kopf gesetzt, Gazellen zu jagen. Ich rief sie zurück und erklärte ihnen, dass es schon dunkel würde, ehe sie bei den Gazellen wären. Wobei dann allerdings die Gazellen längst anderswo grasen würden, genauso weit weg wie zuvor. Sie wollten mir nicht glauben und gingen ihrer Wege.

Bald danach trommelten wir die übrig gebliebenen Hunde zusammen und machten uns auf den Heimweg, müde und ziemlich hungrig. Unterwegs hielten wir an, um uns an Wildbeeren, *ngawas* und *sananguru*, zu laben, aber es half nicht viel, um unseren Hunger zu stillen.

Die Sonne ging unter, als wir den letzten Wald betraten, der uns noch von zu Hause trennte. Wieder nahm ich den Büffelgeruch wahr. Aber weil ich Nigel, der sich ohnehin im Dunkeln fürchtete, nicht verängstigen wollte, sagte ich nichts davon. Auch erzählte ich nichts von den schattenhaften Gestalten, die im Dunkeln lauerten und uns mit den Augen folgten, als wir vorbeigingen. Auch die Hunde bemerkten sie, aber sie wussten, um wen es sich handelte, und bellten nicht.

Ein gedämpftes Husten verriet Nigel ihre Anwesenheit. Er griff hastig nach meinem Arm. Seine Hände waren eiskalt vor Angst.

»Was war das?«, fragte er.

»Ach, nichts«, sagte ich, laut genug, dass die Schatten hören konnten, dass ich ein braver Junge war, der nichts sah und nichts verriet.

Wir gingen weiter. Die Angst wuchs. Sie schwoll mit jedem Schritt, bis sie zu groß war, als dass wir sie noch länger hätten ertragen können. Da fingen wir an zu laufen. Wir hielten nicht eher an, als bis wir zu Hause angekommen waren.

Am nächsten Tag erzählte ich Hari, dass ich seine Freunde im Wald gesehen hätte.

»Was für Freunde?«

»Die, die mir den Brief gegeben haben.«

Er nahm mich an der Hand und führte mich hinter den Hühnerstall, in sichere Entfernung von unerwünschten Ohren.

»Was haben sie gesagt?«, fragte er.

»Nichts«, sagte ich.

»Haben sie dir wieder einen Brief gegeben?«

»Nein.«

Hari sah böse und verärgert aus.

»Haben sie überhaupt mit dir geredet?«

»Nein.«

»Warum redest du dann über sie?«

Ich hatte mir zu viel herausgenommen. Ich hatte geglaubt, es würde Hari interessieren. Ich hatte ihm wirklich nur ein guter Freund sein wollen.

Er packte mich bei den Ohren und hob mich hoch. Der Schmerz war unerträglich. Meine Augen brannten.

»Haben sie dich etwa nicht gewarnt?«

»Doch, das haben sie«, schrie ich. »Das haben sie. Bitte lass mich los, ich will es nie wieder tun.«

Er setzte mich ab. Aber noch war ich nicht entlassen. Als ich mich entschuldigte und wegen meiner Ohren jammerte, verpasste er mir eine seiner tödlichen Links-Rechts-Kombinationen, sodass mir Hören und Sehen verging.

Von diesem Tage an erzählte ich Hari nie wieder etwas, wonach er mich nicht gefragt hatte.

Achtes Kapitel

Oft sind es die Jungen, die es als Erste merken, wenn irgendetwas auf der Welt anfängt, schief zu gehen. Als die Löwen Bwana Ruins Vieh-*bomas* überfielen und drei seiner größten Bullen rissen, hatte ein Junge die schmausenden Löwen zuerst entdeckt und Alarm geschlagen. Als in den alten Lagerschuppen, in denen der weiße Farmer sein Dieselöl und das Heu lagerte, mitten in der Nacht urplötzlich ein Feuer ausbrach, war es ein Junge, der es als Erster bemerkte und Alarm schlug. Auch als der Wachmann vom alten Milchhof verschwand, aus dem die Maschinen gestohlen wurden, war es wiederum ein Junge, der weit weg vom Gehöft im Wald die Leiche fand.

Aber obwohl die Jungen oftmals als Erste wissen, dass etwas schief geht, sind sie ebenso oft die Letzten, die sich Gedanken machen. Viel zu beschäftigt mit der Erforschung anderer, noch viel aufregenderer Besonderheiten der Natur, wachen die Jungen eines Tages auf und stellen fest, dass sie groß geworden sind, dass ihre Jugend vorbei ist und damit auch die sichere und freundliche Welt ihrer Kindheit.

Auch wenn ein Junge weiß, dass Kriege nichts Natürliches sind, dass Kinder nicht sterben und Männer sich nicht gegenseitig töten sollten, kann ein Krieg lange dauern, bevor ein Junge begreift, dass das Leben nicht dazu da ist, auf diese Weise gelebt zu werden.

Ich wusste, dass weiße Menschen schwarze verachten und ihre Farmarbeiter kaum besser behandeln als Esel, ja, um die Wahrheit zu sagen, oft schlechter als ihre Hunde. Ich wusste, dass weiße Menschen schwarze schlugen und sie einfach aus einer Laune heraus ins Gefängnis warfen. All das wusste ich, weil die Erwachsenen ständig darüber redeten. Einmal hetzte Bwana Ruin seine Hunde auf ein paar Jungen, die er erwischt hatte, als sie Obst aus seinem Garten klauten. Einer der Jungen starb im Krankenhaus an den Folgen der Hundebisse. Sein Vater hatte ihn sieben Meilen weit auf dem Rücken getragen, um ihn so schnell wie möglich ins Krankenhaus zu bringen. Denn Bwana Ruin hatte für diesen Zweck keines seiner Fahrzeuge zur Verfügung stellen wollen.

Es stimmte auch, dass die weißen Farmer ein gutes und üppiges Leben führten, während die Afrikaner in ihren alten und verfallenen Dorfhütten wie Sklaven lebten. Und es war kein Geheimnis, dass Bwana Ruin schwarze Frauen mutwillig schlug und misshandelte, wann immer er sie beim Holzsammeln im Wald erwischte.

Aber obwohl ich all das wusste und noch mehr ungerechte Zustände kannte, machte ich mir keine Gedanken darüber. Es war schon lange so, und die

Erwachsenen hatten nie etwas anderes getan, als darüber zu schimpfen.

Mein eigener Vater, der schnell mit Strafen bei der Hand war, wann immer er einen aus der Familie auf Abwegen oder bei unrechtem Tun erwischte, war besonders zurückhaltend, wenn es um das Unrecht ging, das der Bwana ihm und anderen Tag für Tag antat. Er schimpfte und klagte wohl, und wenn es besonders arg war, schüttete er seinen Zorn über mir oder meinem Bruder Hari aus, aber niemals über demjenigen, der die eigentliche Ursache all seines Ärgers war.

Wenn in der Küche alles verkehrt lief, wenn er den Braten hatte anbrennen lassen und von der *Mamsab* eine Ohrfeige gekriegt hatte, dann kam er wutentbrannt nach Hause, fand etwas, was wir getan oder auch nicht getan hatten, und gab uns dafür eine Tracht Prügel. Nachts lag er dann wach und warf sich voller Grimm von einer Seite auf die andere. Oft hörte ich, wie er schwor, dass er sich das alles nicht mehr gefallen lasse. Aber anderntags brach er immer wieder mit den Arbeitern vom Milchhof auf, um in der Küche des Farmhauses den Herd anzumachen, Bwanas Badewasser heiß zu machen und vor sieben Uhr das Frühstück fertig zu haben.

Mir war bekannt, dass es Banden von Männern gab, die mit *pangas* und Speeren bewaffnet in den Wäldern herumzogen und wie alte Büffel rochen. Ich hielt sie für schlechte Menschen, Diebe und Mörder, aber mich hatten sie nie bestohlen und auch nie belästigt bis zu dem Tag, als sie mir die Botschaft für Hari mitgaben. Jetzt wusste ich, dass ich niemals über sie reden durfte. Es dauerte sehr lange, bis ich begriff, was sie überhaupt vorhatten, weshalb sie sich in den Wäldern herumtrieben und warum sie sich immer im Schatten versteckten.

Erst bei dem zweiten *msako* dämmerte mir langsam, was da vor sich ging. Auf jeden Fall bekam ich eine Vorstellung, was Bwana Ruin davon hielt.

Wir waren wieder in den alten Vieh-Auktionspferch zusammengetrieben worden und hatten uns in der Mittagssonne in die Kuhfladen setzen müssen. Wie beim ersten Mal waren wir von allen Seiten von bewaffneten weißen Soldaten umstellt. Einige saßen auf dem Zaun, wie es die Käufer während einer Auktion machten. Ihre Gewehre waren auf unsere Köpfe gerichtet. Ihre Kollegen zogen inzwischen durch das Dorf und durchsuchten es systematisch nach Hinweisen auf eine Verbindung der Dorfbewohner mit den *mau-mau*. Sie stellten in den Hütten alles auf den Kopf und ließen dabei zweifellos Geld und Wertsachen mitgehen, wie beim ersten Mal.

Bwana Ruin stand auf dem Podest des Auktionators, musterte uns wie eine Herde preisverdächtiger Rinder und redete mit großem Ernst in unsere nach oben gewandten Gesichter.

»Wie ich höre, ziehen hier nachts einige *watus* herum und erzählen euch einen Haufen *manenos*.«

Er hatte wieder seinen Tweedanzug und die Reitstiefel an und klopfte wie gewohnt mit der Reitpeitsche gegen seinen rechten Stiefel. Dieses Mal war er nicht wütend. Die Soldaten hatten dem Koch und den anderen unersetzlichen Dienstboten erlaubt, zur Arbeit zu gehen, ehe sie den Rest von uns in den Pferch getrieben hatten.

Es war erst kurz nach zwölf. Er hatte uns nicht einmal halb so lange warten lassen wie beim letzten Mal. Und die Frauen hatten mit der Weisheit der späten Einsicht genügend zu essen und zu trinken mitgebracht, sodass es kaum Heulen und Wehklagen gab. Eigentlich war es bis zu dem Zeitpunkt, als Bwana Ruin nach seinem täglichen Inspektionsgang über die Farm bei uns eintraf, eher wie bei einem erzwungenen Picknick als wie bei einer militärischen Aktion zugegangen.

»Das hier ist mein Land«, sagte er nachdrücklich. »Von der Krone* erworben und auf Heller und Pfennig bezahlt. Wenn die *mau-mau* euch sagen, sie wollten es mir wegnehmen und euch geben, so erzählen sie Unsinn. Das wird niemals passieren. Nur über meine Leiche.«

Von meinem Platz aus konnte ich die *Mamsab* und den kleinen weißen Mann sehen, die aus einiger Entfernung zuschauten. Nigel fing meinen Blick auf und winkte. Aber bei so vielen Gewehren, die auf unsere Köpfe gerichtet waren, traute ich mich nicht, zurückzuwinken.

---

* Krone meint hier das englische Königshaus und die englische Regierung.

»Freiheit?«, hörte ich Bwana Ruin sagen. »Pah! Von welcher Freiheit reden sie eigentlich? Freiheit wofür? Freiheit wohin? Ihr *watus* wisst doch selber, dass ihr nirgendwo hingehen könnt. Eure Reservate sind klein und überbevölkert. Ihr habt ja gar kein Land, auf das ihr zurückkehren könnt, *kweli ama rongo*? Stimmt's oder nicht?«

»Kweli«, riefen wir im Chor, wie man es von uns erwartete. »Richtig!«

»Ihr wisst, dass ich euch immer gut behandelt habe«, fuhr er fort. »Ich habe euch Arbeit gegeben und einen sehr großzügigen Lohn gezahlt. Zehn Schillinge im Monat. Das ist mehr, als andere *bwanas* bezahlen. Fragt deren *watus*, die werden es euch bestätigen. Ich gebe euch eine Hütte zum Wohnen, ein Pfund *posho* und so viel Magermilch, wie ihr wollt. *Kweli ama rongo?*«

Einige stimmten das erwartete *»kweli«* an, andere nickten zustimmend. Die Sonne brannte jetzt wirklich heiß, und wir beteten, er möge bald auf das Wesentliche kommen und uns gehen lassen.

Haris Jimi hatte die Gelegenheit genutzt, in den offen stehenden Hütten alles Essbare zu erbeuten, das er kriegen konnte – das heißt, um genau zu sein, er hatte zwei brütende Hennen gefangen und samt zahllosen Eiern verspeist. Jetzt kam er vorbei, gefolgt von zweien seiner getreuesten Leutnants, um nachzusehen, was mit den Besitzern der verwüsteten Hütten passiert sei. Beim Anblick der bewaffneten Soldaten verdrückten sie sich in die Büsche und kehrten zum Dorf zurück.

Nigel war offensichtlich ungeduldig. Er lief nervös um *Mamsab* herum oder kauerte sich hin und stand wieder auf. Denn heute war der Tag, den wir uns für das Abenteuer unseres Lebens freigehalten hatten. Wir hatten vor, die nutzlosen *jimis* zu vergessen, Salt und Pepper mitzunehmen und noch einmal Jagd auf Old Moses, das Warzenschwein, zu machen. Aber diese *mau-mau*-Geschichte dauerte zu lange.

»Freiheit!« Bwana Ruin war noch nicht einmal zur Hälfte fertig mit dem, was er uns über unsere Freiheit sagen wollte. »Ihr *watus* wisst genau, dass ihr die Freiheit habt, zu kommen und zu gehen, wann ihr wollt. Ihr seid ja nicht meine Gefangenen. Ihr seid nicht meine Sklaven. Ihr könnt noch heute gehen, wann ihr wollt. Wer von euch will heute noch gehen? Hand hoch, wer gehen will!«

Ein paar Hände gingen hoch. Aber die waren von Kindern, denen es langweilig war und die nicht verstanden, wovon er redete. Sie glaubten, sie könnten wieder spielen gehen. Ihre Mütter schlugen ihnen die Hände herunter.

»Also, ihr wollt alle dableiben und für mich arbeiten?«, sagte Bwana Ruin. »Sehr gut. Aber merkt euch: Ganz egal, was sie euch sagen, dieses Land wird niemals euch gehören. Nicht in tausend Jahren!«

Er hätte vor, dieses Land so lange zu bewirtschaften, bis die Hölle zufror. Danach würden seine Kinder und Enkel es bewirtschaften. Und solange sie ordentlich arbeiteten, würden die *watus* und ihre *totos*, ihre Kinder, gut behandelt werden und immer ihren Lohn bekommen. Da hatten sie von Bwana Ruin die Garantie drauf.

»Erzählt euren *mau-mau*-Brüdern, was ich euch heute gesagt habe«, sagte er abschließend. »Erzählt ihnen auch, dass sie nicht wissen, mit wem sie sich da anlegen.«

Unvermittelt sprang er vom Podest herunter. Er beriet sich mit dem Offizier, der die Soldaten anführte, und entfernte sich zu seinem Haus. Ohne auch nur ein einziges Wort an uns zu richten, sprangen die Soldaten auf ihre Lastwagen und fuhren zu ihren Kasernen in Nanyuki zurück. Wir brauchten eine ziemliche Weile, bis wir begriffen, dass wir entlassen waren und nach Hause gehen konnten. Als uns die Tatsache langsam dämmerte, machten wir uns in einem allgemeinen Durcheinander auf den Heimweg, um nachzusehen, was den Überfall der weißen Soldaten überstanden hatte und was nicht.

Wir brauchten den Rest des Nachmittags, um wieder Ordnung im Dorf herzustellen. Die *jimis* hatten die gute Gelegenheit genutzt, alles noch zusätzlich auf den Kopf zu stellen. Alles Mögliche hatten sie ohne Sinn und Verstand von einem Ende des Dorfes zum anderen geschleppt und dort liegen lassen.

Aber vermutlich hatten die Dorfbewohner dank des ganz normalen Einfallsreichtums von Leuten, die im Belagerungszustand leben, und dank der Erfahrungen vom letzten Mal diesmal nicht einen Cent

Bargeld verloren. Dafür hatten die Soldaten auf der verzweifelten Suche nach Geld die Hütten fast völlig niedergerissen. Irgendwo musste das Geld stecken, denn von den *watus* war bekannt, dass ihnen Banken und Bankangelegenheiten fremd waren. Die Dorfbewohner hatten beim Geldverstecken so gute Arbeit geleistet, dass einige von ihnen es selbst nie wieder fanden. Noch Monate nach diesem zweiten *msako*, als die Besitzer es schon längst vergessen hatten, tauchte Geld, vor allem Münzen, an den seltsamsten Stellen auf.

Ich überließ meine Mutter der verzweifelten Suche nach ihrem Geld, das sie im Strohdach des Klos versteckt hatte, und stahl mich so unauffällig wie möglich aus dem Dorf. Jimis Blicken wich ich aus. Er sollte nicht merken, dass ich etwas vorhatte. In einem weiten Bogen ging ich zum verabredeten Treffpunkt am Fischteich.

Nigel war schon mit Salt und Pepper da. Er hielt die Hunde am Halsband fest, damit sie nicht nach Hause liefen, wenn sie sich in seiner Gesellschaft langweilten.

»Sag mal«, sagte er. »Was sollte denn das bedeuten?«

»Die Soldaten?«

»Ja.«

»Keine Ahnung«, antwortete ich. »Das machen sie immer mal von Zeit zu Zeit.«

»Was wollte mein Großvater eigentlich?«

»Ich weiß nicht«, antwortete ich. »Hast du die Kekse mitgebracht?«

Seine Taschen waren voll davon. Heute wollten wir uns nicht auf ein lebendiges Mittagessen verlassen. Wir gaben uns nicht der Illusion hin, dass wir Old Moses fangen und braten würden.

Die Hunde knurrten drohend. Nigel wies sie zurecht. Sie sollten mich in Frieden lassen. Ich sei sein Freund. Ich hatte natürlich entsetzliche Angst vor ihnen, aber wenn sogar dieser Elfjährige mit ihnen fertig wurde ... schließlich war ich zwei Jahre älter als er.

»Wir müssen uns beeilen«, sagte ich.

Wir zogen die Hunde an der Leine hinter uns her, wateten durch den Fluss und versuchten uns einen möglichst geraden Weg durch den Wald zu bahnen. Aber das stellte sich als schwierig heraus. Das Gelände stieg unregelmäßig an, das Unterholz war mit Felsen durchsetzt, und die Hunde wollten ihre eigenen Wege gehen. Nigel gab mir Salt zum Führen, der aber wollte mich sofort mit Stumpf und Stiel verschlingen. Also musste Nigel sich weiter mit beiden Hunden abplagen, bis wir zu der grasbewachsenen Ebene zwischen den beiden Flüssen kamen und die Hunde nicht mehr daran dachten, heimzugehen.

Von da an ging es besser. Die Hunde liefen vor uns her, und wir fühlten uns dadurch sicherer als bei den Jagden zuvor. In große Aufregung gerieten die Hunde, wenn sie Spuren von zig verschiedenen Tieren kreuzten und sich nicht entscheiden konnten, welcher sie folgen sollten. Aber Nigel schaffte es jedes Mal, sie wieder auf die richtige Bahn zu bringen. Auf der Ebene und durch das Liki-Tal zur Loldaiga-Steppe kamen wir gut voran.

Mittlerweile war es später Nachmittag. Es blieb uns nicht viel Zeit. So gingen wir gleich zum Bau von Old Moses. Schon aus etlicher Entfernung bemerkte er uns. Er hörte auf zu fressen und beobachtete uns neugierig, wobei er allerdings noch nicht erkannte, wer wir waren, denn er war alt und kurzsichtig. Wir kamen fast bis auf hundert Meter an ihn heran. Doch unsere Bemühungen, die Hunde auf ihn aufmerksam zu machen, stellten sich als nutzlos heraus. Die Steppe im Hintergrund war mit unzähligen Tieren bevölkert. Zebras, Giraffen, Gazellen und Gnus weideten überall, weit entfernt und auch ganz nah, und nahmen uns überhaupt nicht zur Kenntnis.

Old Moses schnaubte aufgebracht, reckte zur Warnung den Schwanz in die Höhe und drehte sich einmal um sich selbst. Angriffslustig stampfte er auf den Boden. Dann startete er einen Scheinangriff, indem er in kurzen, schnellen Schritten auf uns zukam. Dreißig Meter vor uns stoppte er, schüttelte seine gewaltigen Stoßzähne und drohte, nur ja nicht näher zu kommen. Das war ein Fehler, denn nun bemerkten Salt und Pepper ihn schließlich auch.

Wie angewurzelt blieben sie stehen, mit gefährlich gespitzten Ohren, und beobachteten die Mätzchen dieses seltsamen Wesens, dessen Zähne aus dem Maul herauswuchsen und dessen Kopf sowohl nach

Schwein als auch nach Nashorn aussah. Sie waren noch nie auf der Jagd gewesen, weil sie reine Wachhunde waren, und hatten keine Ahnung, wen sie vor sich hatten.

Sie gingen ein paar Schritte näher und betrachteten das alte Warzenschwein, wie es da aufgeregt herumtänzelte. Dann sprangen sie wie auf Kommando los und schossen ihm über die Steppe entgegen. Old Moses kam seinerseits in höchstem Tempo auf sie zu. Wir blieben auf unserem Platz stehen, um das Aufeinandertreffen zu beobachten.

Etwa zehn Meter vor dem Tier verlangsamten die Hunde ihre Geschwindigkeit, weil sie allmählich die absolute Scheußlichkeit dieses Lebewesens erkannten. Aus der Nähe betrachtet ist ein Warzenschwein noch um vieles erschreckender als aus der Ferne. Die Hunde überlegten sich eben, ob sie Old Moses wirklich angreifen sollten, als dieser, außer Stande anzuhalten, in sie hineinrannte und sie im hohen Bogen durch die Luft wirbelte. Dann kam er in vollem Tempo auf uns zugerast. Schreiend vor nacktem Entsetzen liefen wir jeder in eine andere Richtung davon, als wäre der Teufel hinter uns her.

Old Moses verfolgte Nigel, der mittlerweile wie verrückt rannte und sich dabei die Lunge aus dem Leibe brüllte. Ich machte kehrt und jagte hinterher, um meinem Freund das Leben zu retten. Salt und Pepper hatten sich schnell wieder von ihrem Schrecken erholt und verfolgten ihrerseits das Warzenschwein. Wie der Wind liefen sie an mir vorbei.

Ich verlangsamte mein Tempo etwas. Old Moses hatte noch nicht bemerkt, dass wir hinter ihm her waren. Wutschnaubend war er Nigel dicht auf den Fersen, eben im Begriff, ihn mit einem einzigen Hieb seiner riesigen Stoßzähne durch die Luft zu schleudern, als die Schäferhunde ihn einholten. Sie trafen ihn von hinten mit der vollen Kraft ihres vereinten Angriffs. Verwundert sah ich, wie das riesige Warzenschwein Rad schlagend durch die Luft sauste und mit einem erdbebenartigen, Staub aufwirbelnden Aufprall kaum eine Handbreit vor den Füßen seines Opfers landete. Die Hunde, die ebenso verblüfft waren wie ich, landeten auf ihm.

Er kam wieder auf die Füße und stob davon, dorthin, woher er gekommen war. Ich sprang ihm aus dem Weg und jagte dann hinterher. Die Hunde, die von ihrem Aufprall noch ganz mitgenommen waren, japsten hinterdrein. Ein paar Schritte weiter überholten sie mich und griffen in Höchsttempo an. Nach etwa hundert Metern stoppte Old Moses plötzlich und fuhr zu uns herum.

Auch Salt und Pepper blieben stehen, denn mittlerweile hatten sie begriffen, dass dieser Gegner nicht irgendein *jimi* aus dem Dorf war. Ich war bei den Hunden angekommen. Ich war bereit, jeden Augenblick auf die Hügel zuzurennen, als sich Old Moses ohne jede Vorwarnung in Bewegung setzte und rückwärts in seinen Bau schoss, so schnell, dass der Boden bebte, als er mit seinem Hinterteil gegen die Hinterwand der Höhle prallte.

Nigel kam atemlos angerannt. Er zitterte immer noch wie Espenlaub vom überstandenen Schrecken.

»Mein Gott!«, rief er. »Wo ist er denn hin?«

Salt und Pepper waren ebenso verblüfft von diesem Zaubertrick des Warzenschweins, bis sie den Bau entdeckten. Dann versuchten sie in ihrem Jagdeifer, beide gleichzeitig in das Erdloch zu kriechen, und blieben im Eingang stecken. Wir zogen sie wieder heraus. Salt fing an, mit den Pfoten zu graben und das Loch zu vergrößern, damit er dem Warzenschwein folgen konnte.

»Ob es wohl wieder rauskommt?«, fragte Nigel.

»Ich glaube nicht«, sagte ich.

»Meine Güte!« Nigel war noch ganz außer sich. »Das war aber knapp!«

»Hast du immer noch Angst?«

»Jetzt nicht mehr«, sagte er.

»Du zitterst aber.«

»Mir geht es schon wieder gut.«

Aber seine Beine wollten ihn nicht mehr tragen, und er ließ sich nieder. Sein Gesicht war schweißgebadet und ganz schwarz vom Staub.

»Hast du eigentlich das Messer mit?«, fragte er.

Das hatte ich vergessen. Der Zwischenfall mit den Soldaten hatte unsere Pläne zu sehr durcheinander gebracht.

»Wie sollen wir ihm denn das Fell abziehen?«, fragte er.

Ich wollte Nigel zwar nicht enttäuschen, aber ich wollte ihm doch lieber gleich die Wahrheit sagen.

»Wir werden Old Moses heute sowieso nicht kriegen!«, sagte ich.

»Warum denn nicht?«, rief er. »Wir haben ihn doch hier unter der Erde.«

»Wir müssten ihn zuerst einmal da herausbekommen«, sagte ich.

»Die Hunde werden ihn ausgraben.«

Ich hatte Nigel wirklich gern, aber seine Dummheit ging mir allmählich auf die Nerven. Ich gab ihm zu bedenken, wie tief so eine Warzenschweinhöhle war. Salt und Pepper würden eine ganze Woche brauchen, um sich bis zu Old Moses vorzugraben.

»Wir können ihn doch ausräuchern«, sagte er.

Aber der Wind wehte in die falsche Richtung, und die Sonne war auch schon daran, hinter den Loldaiga-Bergen unterzugehen. Die Hunde gruben immer noch und wechselten sich ab, um den Höhleneingang zu erweitern. Ab und zu stieß Old Moses ein warnendes Grunzen aus der Tiefe seiner Burg hervor.

»Ich glaube, wir sollten jetzt nach Hause gehen«, sagte ich. »Wir können ja morgen früh wiederkommen.«

»Nur noch ein paar Minuten«, bat Nigel.

Ich setzte mich neben ihn. Wir redeten über dies und das und warteten darauf, dass die Hunde aufgaben. Dazu aßen wir Kekskrümel, die wir händeweise aus Nigels Taschen schaufeln mussten. Denn durch das Laufen und Hinfallen waren die Kekse zu Staub zermahlen.

Neuntes Kapitel

Als der Eingang zur Höhle des Warzenschweins groß genug war, zwängte Salt Kopf und Schultern ins Loch hinein und bellte. Drinnen wurde es plötzlich still. Dann kam das Geräusch, das wir schon einmal gehört hatten, ein Grollen wie von einem weit entfernten Donner oder, wie Nigel mir erzählt hatte, wie von einem Zug, der durch einen Tunnel herannaht. Wir sprangen auf. Salt jaulte, kam rückwärts aus dem Loch geschossen und wirbelte durch die Luft. Er landete auf Pepper, und beide verschwanden in einer Staubwolke.

Old Moses streckte seinen Kopf aus dem Bau, schüttelte drohend die Stoßzähne und bedeutete uns, wir sollten uns unterstehen, in sein Erdloch einzudringen. Dann zog er sich wieder in seinen Bau zurück. Wir hörten ihn mit einem dumpfen Aufschlag unten auf dem Boden landen.

Die Hunde erhoben sich. Noch zitternd vor Schreck, humpelte Salt zu Nigel hinüber, um sich trösten zu lassen, während Pepper wütend zum Loch zurückkehrte, um Old Moses herauszufordern und ihn zu vertreiben. Er drängte sich so tief in den Gang hinein, dass nur noch sein Schwanz zu sehen war, der aufgeregt hin- und herwedelte.

Wieder war es still, eine tiefe, gespannte Stille. Pepper war älter und klüger als Salt. Daher bellte er nicht in den Bau hinein, sondern lauschte, wie wir auch, auf den Beginn des Grollens, das uns vor dem folgenden Donner warnen sollte. Wir hörten es kommen, die Erde bebte, wir wichen zurück und gingen lieber aus dem Weg. Auch Pepper hörte es, wand sich aus dem Loch und sprang im allerletzten Moment beiseite. Zischend kam Old Moses aus dem Loch geschossen und sauste durch die Luft. Pepper, der seinen Rückzug haarscharf berechnet hatte, sprang dem Warzenschwein auf den Rücken. Sie landeten beide fast drei Meter weiter am Boden. Pepper war immer noch oben und bemühte sich verzweifelt, seine Reißzähne in den fetten Nacken des Warzenschweins zu schlagen. Old Moses stürmte durch die Steppe davon. Es dauerte eine Weile, bis wir begriffen, dass er gar nicht daran dachte, zu seinem Erdloch zurückzukehren. Wir liefen hinter ihm her. Auch Salt, der sich mittlerweile etwas erholt hatte, jagte los, um seinem Bruder zu helfen.

Nach etwa zweihundert Metern stoppte Old Moses ganz plötzlich. Pepper flog von seinem Rücken und landete kopfüber im Staub. Old Moses schwenkte nach rechts und rannte auf die vorderste Buschreihe zu, die sich knapp einen Kilometer entfernt durch das Flusstal zog. Als sich der Staub gelegt hatte, jagte Pepper hinter Old Moses her, begleitet von Salt, der jetzt fast auf einer Höhe mit ihm war.

Ich stürmte hinterher. Ich trat in ein Maulwurfsloch, fiel hin und stand wieder auf. Nigel war noch etwa fünfzig Schritt zurück und bemühte sich nach Leibeskräften, uns einzuholen. Er war fast schwarz vor Schweiß und Staub. Ich wartete auf ihn.

»Wir sollten jetzt lieber nach Hause gehen«, meinte ich.

»Wir müssen doch die Hunde kriegen«, sagte er.

»Es wird schon bald dunkel.«

»Wir müssen aber den Hunden nach. Wir können doch nicht ohne sie nach Hause kommen.«

Also rannten wir weiter. Das alte Warzenschwein war mittlerweile im Wald verschwunden. Salt und Pepper verfolgten es weiter. Als wir bei den ersten Bäumen ankamen, trat ich mir einen langen Dorn in den Fuß. Ich musste mich hinsetzen, um ihn wieder herauszuziehen. Es war ein *muthusi*-Dorn, lang und hart, und er hatte meinen Fuß glatt durchbohrt. Ich rief nach Nigel. Er sollte mir helfen. Aber es kam keine Antwort. Nigel war hinter den Hunden her im Gebüsch verschwunden. Der Schmerz war unerträglich. Ich biss die Zähne zusammen, so fest ich nur konnte, zog den langen Dorn mit einem Ruck heraus und rieb Staub in die Wunde, um das Bluten zu stoppen.

Dann stand ich auf. Ich rief nach Nigel, und da ich nicht mehr laufen konnte, humpelte ich hinter ihm her in den Wald hinein.

Die plötzliche Stille ringsum machte mir Angst. Mit wachsendem Entsetzen dämmerte mir, was mir schon die ganze Zeit im Kopf herumgegangen war, seit diese Sache mit Old Moses angefangen hatte: diese stille, verbissene Art, wie die Schäferhunde das Warzenschwein verfolgt hatten. Da sie auf Angreifen trainierte Wachhunde und keine Jagdhunde waren, gaben sie während der ganzen Jagd nicht ein einziges Bellen von sich. Im Unterschied zu den *jimis*, die genug Radau machten, um den ganzen Wald aufzuschrecken, war es unmöglich, den Schäferhunden durch das dichte Unterholz zu folgen.

Ich humpelte weiter und rief in wachsender Verzweiflung nach Nigel. Aber abgesehen von meiner eigenen Stimme und den Nachtvögeln, die allmählich aufwachten, blieb alles totenstill. Ich drang tiefer in den Wald ein und bekam langsam Angst vor der herabsinkenden Dunkelheit. Plötzlich stieß ich auf den leblosen Körper eines Tieres, das da am Boden lag.

Es war Pepper. Er war tot. An seinem Kopf klaffte eine tiefe Wunde. Ich schrie auf vor Wut und Angst, rannte in höchster Panik hin und her und rief nach Nigel. Keine Antwort. Ich lief den Weg zurück, den wir gekommen waren, und wollte nach Hause laufen, um Hilfe zu holen für die Suche nach Nigel. Wenn Old Moses einen so großen Hund derart zurichten konnte, brauchte ich alle Hilfe, die ich nur kriegen konnte.

Ich kümmerte mich nicht weiter um die Wunde in meinem Fuß und lief in Windeseile. Trotzdem war ich erst lange nach Einbruch der Dunkelheit zu

Hause, zerkratzt und übel zugerichtet, weil ich in der Dunkelheit gegen so viele Bäume gelaufen war.

Vater war noch in Bwana Ruins Küche, und Hari war nirgends zu finden. Nur meine Mutter war zu Hause.

»Wo hast du denn gesteckt?«, fragte sie.

»Ach, nirgends«, sagte ich.

Ich wusste nicht, wie ich ihr beibringen sollte, dass ich den kleinen weißen Mann im Wald verloren hatte, ausgerechnet dort, wo ich selbst gar nichts zu suchen hatte.

Sie sah mir in die Augen. Falls sie die Angst dort lauern sah, ließ sie es sich nicht anmerken.

»Warte, bis dein Vater nach Hause kommt«, sagte sie.

Am liebsten wäre ich zurück in den Wald gelaufen und so lange dort geblieben, bis ich den weißen Jungen wieder gefunden hätte. Ich kannte nur einen einzigen Menschen, der mir aus diesem Schlamassel heraushelfen konnte.

»Wo ist Hari?«, fragte ich.

Meine Mutter sah mir in die Augen und fragte: »Was hast du angestellt?«

»Gar nichts.«

Tausend Gedanken schossen mir durch den Kopf, einer erschreckender und hoffnungsloser als der andere. Ich konnte nichts essen und nicht eine Minute lang still sitzen. Ein paar Mal lief ich vor die Hütte und dachte ernstlich daran, mich zu ertränken.

Ich überlegte, ob ich zu Bwana Ruins Küche gehen und meinem Vater von meiner Not erzählen sollte. Aber dann hatte ich Angst, Salt und Pepper würden mich erwischen. In meiner Panik vergaß ich ganz, dass die beiden ja noch immer mit dem Jungen draußen im Wald verloren waren, der eine von ihnen – ob Salt oder Pepper konnte ich gar nicht mehr sagen – mit gespaltenem Schädel, tot.

Zitternd saß ich da, krank vor Sorge vom Kopf bis zu den Zehen, und hoffte, meine Mutter würde es nicht merken.

Etwa eine Stunde später kam mein Vater, um zu fragen, ob ich heute den kleinen weißen Mann gesehen hätte. Ich war schon fast so weit, alles zu gestehen, als mir einfiel, dass ich mit Nigel ja nicht einmal zusammen sein durfte. Normalerweise fürchtete ich mich zwar vor meinem Vater, heute aber war ich starr vor Schrecken.

»Nein«, sagte ich.

»Wo könnte er wohl sein?«, fragte er.

»Ich weiß nicht«, sagte ich.

Er ging weg. Nach Mitternacht, als wir alle schon ins Bett gegangen waren, kam er zurück und erzählte uns, dass der kleine weiße Mann vermisst wurde.

»Die Hunde auch!«, sagte er. »Bwana Ruin hat die Polizei und die Armee gerufen.«

Diese Nacht, die scheußlichste Nacht meines Lebens, verbrachte ich damit, mir auszumalen, wie ich in aller Herrgottsfrühe aufstehen und wieder in den Wald gehen würde, um nach Nigel zu suchen. Und wenn ich ihn nicht finden würde, dann wollte ich von zu Hause ausreißen. Über die Loldaiga-Berge zum Land der *Dorobos*, irgendwohin, wo mich niemand mehr finden würde.

Aber es kam ganz anders.

Gegen Morgengrauen war das Dorf von bewaffneten Soldaten und Polizei umstellt. Sie trieben uns zusammen und sperrten uns in den Auktionspferch, wo wir auf unsere Vernehmung zu warten hatten. In der Zwischenzeit zogen sie wie die vorigen Male durch unsere Hütten, jetzt aber auf der Suche nach Hinweisen auf den verschwundenen Jungen.

Dann riefen sie die Dorfbewohner einen nach dem anderen und brachten sie im Gänsemarsch zum Farmhaus, wo Bwana Ruin auf seiner Veranda einen Platz für die Vernehmungen eingerichtet hatte. Alle, die ihr Verhör hinter sich hatten, durften in ihre Hütten zurückkehren. Die, die weiter verdächtigt wurden, mussten zur Seite treten und unter den wachsamen Augen von bewaffneten weißen Soldaten ausharren.

Als ich mit meinem Verhör an der Reihe war, standen dort schon etliche Männer unter strenger Bewachung. Das Verhör wurde von einem ernsten Polizeiinspektor mit grauen Haaren und schwarzem Schnurrbart durchgeführt. Er wollte wissen, wie alt ich sei und wo ich zur Schule ging. Ich antwortete ihm. Die Soldaten hatten in der Hütte meiner Mutter zwei Spielzeugautos gefunden, die Nigel gehörten. Sie zeigten sie mir und fragten, ob ich sie wohl kenne.

»Ja«, antwortete ich.

»Wem gehören sie?«

»Nigel«, sagte ich.

»Weißt du, wo wir sie gefunden haben?«

»Ja!«

»Wo?«

»Unter meinem Bett!«, sagte ich. »Er hat sie mir geschenkt.«

»So, hat er das?«, fragte Bwana Ruin.

»Ja.«

»Wann?«

»Das ist schon lange her.«

»Wie lange?«

Der Polizeiinspektor unterbrach ihn mit der Frage, ob ich ein Freund von *Bwana Kidogo* sei.

Ich gab zur Antwort, ja, das sei ich.

»Wann hast du ihn das letzte Mal gesehen?«

Da zögerte ich. Was wussten sie? Hatte irgendjemand etwas von unserer geplanten Jagdexpedition mit Salt und Pepper gewusst? Nigel hätte es eigentlich niemandem verraten sollen.

»Gestern«, sagte ich.

»Wo?«

»Als die Soldaten kamen«, sagte ich. »Da stand er bei der *Mamsab*.«

Unter den Verdächtigen, die für weitere Verhöre nach Nanyuki gebracht werden sollten, war auch Hari, der sich die größte Mühe gab, meinem Blick auszuweichen.

Ich wurde entlassen. Sie sagten, ich könne ins Dorf zurückgehen. Meine Mutter war da. So besorgt, wie ich sie noch nie zuvor gesehen hatte.

»Du weißt genau«, sagte sie ernst, »dein Vater hat dir die ganze Zeit gesagt, du solltest dich von dem kleinen weißen Mann fern halten. Nun siehst du, in welche Schwierigkeiten du uns gebracht hast!«

»Ich kann doch nichts dafür«, sagte ich lahm.

»Wer kann denn sonst etwas dafür?«

»Das weiß ich nicht«, gab ich zur Antwort.

Bei der ersten Gelegenheit, die sich mir bot, rief ich Jimi, und gemeinsam schlichen wir uns aus dem Dorf und durch den Wald hinunter zum Fluss. Wir durchquerten ihn an einer seichten Stelle ein Stückchen flussabwärts und begannen, nach Nigel Ausschau zu halten. Im Laufe des Tages durchforschten wir ein großes Gebiet, von der Stelle ausgehend, wo ich am Tag zuvor seine Spur verloren hatte. Wir fanden bald den Kadaver des anderen Schäferhundes. Er hatte tiefe Wunden in der Brust. Jimi wurde starr vor Schreck. Ich beschwor ihn trotzdem noch ein bisschen, bei mir zu bleiben.

Mein Fuß tat mittlerweile schrecklich weh. Er schmerzte bei jedem Schritt. Ich schnitt mir einen Stock, um mich darauf zu stützen, und fuhr verbissen mit der Suche fort. Von Zeit zu Zeit musste ich stehen bleiben, um dem Fuß eine Pause zu gönnen.

Wir suchten den Wald ab, riefen nach Nigel, lauschten und gingen weiter. Manchmal sahen wir Fußabdrücke von Menschen und abgeknickte Ästchen, die darauf hinwiesen, dass jemand vorbeigekommen war, aber es war unmöglich zu sagen, in welcher Richtung.

Einmal begegnete uns eine Büffelherde, die ruhig auf einer Lichtung weidete. Ich wusste, dass wir nichts zu befürchten hatten, denn Büffel sind nur gefährlich, wenn sie allein sind oder verwundet oder selber Angst haben. Also packte ich Jimi am Nackenfell und führte ihn so leise wie möglich an der Lichtung vorbei. Sie beäugten uns, schnaubten warnend, um uns auf Abstand zu halten, und wir ließen sie in Ruhe weiter grasen.

Ich suchte im Wald mehrere Höhlen ab und stieß auf nichts weiter als auf Fledermauskot und alte Lagerstätten von Tieren.

Am späten Nachmittag brachen wir die Suche ab und kehrten müde nach Hause zurück. Unterwegs begegneten wir einem Trupp Soldaten, die das Flussufer nach einem ertrunkenen weißen Jungen absuchten. Wie sie darauf kamen, dass Nigel ertrunken sein könnte, weiß ich nicht.

Als ich zu unserer Hütte kam, waren nicht weniger als drei weiße Polizisten damit beschäftigt, meinen Vater zu verhaften. Sie hatten ihm Handschellen angelegt und wollten ihn gerade abführen.

»Heul nicht!«, sagte er zu meiner Mutter.

Trotz aller Schwierigkeiten, die sie in ihrem Leben auszuhalten hatte, habe ich meine Mutter nicht ein einziges Mal weinen sehen. Sie legte ihren Arm um mich. Da bemerkte er mich wohl auch. »Wo bist du gewesen?«, fragte er.

»Nirgends!«, sagte ich.

»Bleib bei deiner Mutter!«, befahl er. »Und heul nicht!«

Dann führten sie ihn ab. Wir schauten ihm nach, bis er unten an der Wegbiegung verschwunden war.

»Wohin bringen sie ihn jetzt?«, fragte ich.

»Ich weiß nicht«, sagte meine Mutter.

»Bringen sie ihn um?«

»Ich weiß es nicht«, sagte sie. »Nimm den Eimer und geh Wasser holen.«

Ich nahm den Eimer und ging zu der Stelle, wo ich den kleinen weißen Mann zum ersten Mal getroffen hatte. Es machte keinen Spaß mehr. Nichts machte überhaupt noch Spaß.

Zehntes Kapitel

Am nächsten Tag wurden mein Vater und Hari wieder aus der Polizeihaft entlassen. Müde und hungrig kamen sie nach Hause. Über das, was ihnen in der Haft widerfahren war, wollten sie nicht reden. Während sie auf ihr frühes Mittagessen aus *ugali* und Milch warteten, machte ich mich aus dem Staub und schlich wieder in den Wald, um meine Suche fortzusetzen.

Haris Jimi war nicht mitgekommen. Er mochte genauso wenig wie ich, was da im Wald vor sich ging, und der Anblick der blutigen Schäferhunde hatte sein Selbstvertrauen als Hund ernsthaft erschüttert.

Also setzte ich die Suche allein fort. Ich begann dort, wo ich am Abend zuvor aufgehört hatte, und arbeitete mich flussaufwärts durch den Wald. Unterwegs kroch ich in jede Höhle und jeden Tierbau. Ich klammerte mich verzweifelt an die Hoffnung, in einer von ihnen den weißen Jungen lebend und heil zu finden.

In der Nacht hatte es geregnet, und es gab keinerlei Aussichten, Spuren zu erkennen, die mehr als ein paar Stunden alt waren. Aber während ich auf mehrere frische Spuren von Tieren stieß, sogar auf eine von einem Büffel und auf eine, die nach einem Löwen oder einem sehr großen wilden Hund aussah, fand ich nirgendwo eine menschliche Spur.

Ich fragte mich, ob Nigel am Ende von wilden Tieren getötet und gefressen worden sei. Aber dann hätte ich Reste von seinen Kleidern gefunden oder jedenfalls irgendetwas, was diese Theorie bestätigt hätte.

Mittlerweile war mein Fuß in einem üblen Zustand, dick geschwollen und ganz vereitert. Ich musste des öfteren eine Pause einlegen. Schließlich drückte ich den Eiter aus, riss einen Stoffstreifen von meinem Hemd, wickelte den Fuß damit ein und ging weiter.

Die Suche dauerte den ganzen Vormittag und führte mich tiefer in den Wald als je zuvor. Ich erforschte Höhlen, die ich vorher noch nie entdeckt hatte, wo die Füchse ihre Jungen versteckten und die Wildkatzen ihre Kätzchen. Einmal begegnete mir eine große, wilde Hündin, die ihren Welpen eine frisch gejagte Zwergantilope im Maul heimtrug.

Bald darauf stieß ich auf Höhlen, die kurz zuvor von Menschen benutzt worden waren. Es gab Fußabdrücke und Feuerstellen, und zahllose Tierknochen waren zurückgeblieben, als die Leute weitergezogen waren.

In der letzten dieser Höhlen schließlich fand ich ihn. Die Höhle wurde offensichtlich noch benutzt.

Davon zeugten die heiße Asche in der Feuerstelle, Haufen von getrockneten Wild- und Schaffellen, ein Stapel Feuerholz, Kochtöpfe und eine Menge persönlicher Gegenstände wie Kleidungsstücke, *pangas*, Speere und alte Stiefel. Überall roch es nach Büffel und gebratenem Fleisch.

Nigel entdeckte ich im hintersten Winkel der Höhle. Gefesselt und geknebelt lag er unter mehreren großen Schaffellen versteckt.

Im ersten Moment dachte ich, er sei tot. Aber als ich ihn herumdrehte, blinzelte er mich an, und ich begriff, dass er am Leben war. Ich befreite ihn von dem Knebel, band ihm Hände und Füße los und führte ihn aus der Höhle. Er war vollkommen schwarz, von oben bis unten von Ruß und Staub bedeckt, und roch nach den Fellen.

»Jetzt weiß ich, wohin die Schafe dauernd verschwinden«, bemerkte er.

»Bist du halbwegs O.K.?«

»Ja.«

»Dann lass uns gehen.«

Ich war außer mir vor Freude, dass ich ihn lebend gefunden hatte. Jetzt würden mein Vater und mein Bruder nicht gehängt werden. Vielleicht käme alles wieder ins Lot. Ich legte ihm den Arm um die Schulter, als wir den Hang zum Unterholz hinunterstiegen.

Es war mittlerweile Nachmittag, und die Wolken bereiteten sich auf einen neuen Guss vor. Während wir eilig durch das Unterholz liefen, erzählte ich Nigel, wie ich mich um ihn gesorgt hatte und wie die Soldaten nach ihm suchten.

»Ich dachte, du wärest tot«, sagte ich.

Er seinerseits erzählte, wie er von der Stelle, an der

ich mir den Dorn aus dem Fuß gezogen hatte, weiter in den Wald gelaufen war und Pepper gefunden hatte, der mit einer Kopfverletzung am Boden lag. Als er sich umwandte, um wieder zurückzulaufen, hatte ihm jemand einen Sack über den Kopf gestülpt und ihn in den Wald hineingetragen, obwohl er nach Leibeskräften um sich getreten hatte.

Mehrmals hatte er mich seinen Namen rufen hören, aber da hatten sie ihn längst geknebelt.

»Haben sie dich geschlagen?«, fragte ich.

»Nein«, sagte er. »Aber ich war sicher, dass sie mich umbringen würden.«

»Weshalb?«

»Ich weiß es nicht«, meinte er. »Sie sind sehr unheimlich.«

Das konnte ich nur bestätigen. Warum sollten sie sonst mit den wilden Tieren im Wald leben und all das tun, was man ihnen nachsagte.

Wir waren schon über einen Kilometer weit von der Höhle entfernt und gingen flussabwärts durchs Tal, als wir ihnen begegneten. Bis zu dem Augenblick, wo sie sich auf uns stürzten, hatten wir sie weder gehört noch gesehen. Sie drückten uns zu Boden und fesselten uns mit Lederriemen die Hände hinter dem Rücken. Dann stellten sie uns auf die Beine und trieben uns zur Höhle zurück.

Sie waren zu acht, alles große, wilde Männer, die wie Büffel rochen. Einige von denen, die mir die Botschaft für Hari gegeben hatten, waren dabei: der mit Bwana Ruins Gewehr und der Narbige, der mir gedroht hatte, er würde mir die Zunge abschneiden, falls ich irgendjemandem auch nur ein Sterbenswörtchen sagte.

Als wir wieder bei der Höhle angelangt waren, brachten sie uns in die hinterste Ecke, banden uns an den Füßen und knebelten uns. Dann versteckten sie uns unter einem Haufen Schaffelle und kehrten zur Feuerstelle zurück, um unser weiteres Schicksal zu beraten.

»Wir sollten sie beseitigen«, sagte ein Mann.

»Das sind doch noch kleine Jungen«, sagte ein anderer.

Ich hatte einmal gehört, dass die *mau-mau* keine *ihiis*, unbeschnittene Jungen, umbrachten. Wir konnten also noch hoffen.

»Wir warten am besten auf *Kata-Kata*«, sagte einer. »Und auf die anderen. Dann werden wir schon erfahren, was zu tun ist.«

Lange Zeit lagen wir unter den Fellen. Ich hörte, wie sie miteinander redeten und umhergingen, doch keiner von ihnen kam, um uns irgendetwas mitzuteilen. Sie brieten Fleisch, aßen und kümmerten sich nicht um uns.

Stunden später kamen ihre Freunde. Nach einer langen Diskussion wurden wir unter den Fellen hervorgezogen. Sie entfernten die Knebel, banden unsere Füße los und führten uns zum Eingang der Höhle. Draußen regnete es. Die Neuankömmlinge waren durchnässt. Einer von ihnen war mein Bruder Hari. Er sah verhärmt und niedergeschlagen aus.

Hari schaute mich lange an, ehe er mich ansprach. Sein gequältes Gesicht zeigte mir, dass ich dieses Mal zu weit gegangen war.

»Mein kleiner Bruder«, sagte er zu mir. »Du hast mich in eine sehr verzweifelte Lage gebracht.«

»Womit denn?«, fragte ich.

»Was willst du hier?«

»Ich bin hierher gekommen, weil ich Nigel gesucht habe«, antwortete ich.

»Warum?«

»Er war verschwunden.«

Sein Blick wanderte von mir zu dem Jungen, weiter zu den Männern und zurück zu mir. Er betrachtete mich eine lange, lange Zeit, schwer atmend, denn der Zorn stieg in ihm auf. Dann schlug er mich. Sein Links-Rechts erwischte mich unerwartet und ließ mich erzittern wie die dieselbetriebene *posho*-Mühle in Bwana Ruins Scheune.

»Warum?«, schrie er.

»Er ist mein Freund«, sagte ich.

Hari ballte die Faust und holte aus, um mich wieder zu schlagen. Noch nie hatte er mich mit der Faust geschlagen. Ich war sicher, dass er mich jetzt umbringen würde.

»Hör auf«, schrie Nigel. »Du tust ihm weh!«

Hari war genauso überrascht wie ich. Er schaute von mir zu dem Jungen, dachte nach und ließ die Faust sinken.

»Was soll ich nur mit euch machen?«, sagte er.

»Lass uns nach Hause gehen«, sagte ich.

»Das geht nicht«, erklärte er mir. »So einfach ist das nicht.«

Nach einer kurzen, geflüsterten Beratung mit den anderen wurden wir wieder gefesselt und in den hintersten Winkel der Höhle geschleppt. Dort unter den Fellen hörte ich, wie sie über unser Schicksal verhandelten. Ich war froh, dass der kleine weiße Mann unsere Sprache nicht verstand. Er wäre vor Angst gestorben.

»Was sollen wir denn mit ihnen machen?«, fragte einer von ihnen.

»Lasst sie doch laufen«, sagte Hari.

»Weil es dein Bruder ist?«

»Unser Plan funktioniert sowieso nicht.«

»Warum nicht?«

»Er kann gar nicht funktionieren«, erklärte Hari. »Der Wald ist jetzt schon voller Soldaten, die den weißen Jungen suchen.«

Einen Augenblick lang schwiegen sie. Zweifellos überlegten sie, was sie mit uns tun sollten, aber es war mir klar, dass sie auch Angst vor den Soldaten hatten.

»Bringen wir den kleinen weißen Mann um«, schlug einer vor.

»Nein«, antwortete Hari schnell.

»Dann überbringst du also doch die Nachricht?«

»Ja«, sagte Hari.

»Warum hast du es dann nicht schon vorher übernommen?«

»Das habe ich euch doch schon erklärt«, verteidigte sich Hari. »Ich hatte keine Zeit. Ich wurde am Tag, nachdem ihr den Jungen gefangen hattet, verhaftet. Sie haben mich gerade erst wieder freigelassen.«

Einer fragte: »Haben sie dich geschlagen?«

»Ja«, antwortete Hari. »Aber ich habe ihnen nichts gesagt.«

Nach dieser Mitteilung waren sie lange Zeit still.

Später kam Kata.

»Wir werden so vorgehen«, hörte ich ihn sagen. »Hari geht zur Farm, überbringt dem weißen Mann die Nachricht und kommt wieder hierher. Dann nehmen wir die Jungen und gehen mit ihnen in die Berge. Gebt dem *mzungu* Zeit zum Nachdenken.«

Es klang, als würden sie diesem Ablauf der Aktion zustimmen. Dann begann Hari mit allem Nachdruck zu reden.

»Ich glaube nicht, dass der *mzungu* das Land hergeben wird«, sagte er. »Nicht im Austausch für zwei kleine Jungen.«

»Und warum nicht?«

»Ich kenne ihn«, sagte Hari.

»Dann bringen wir eben den kleinen weißen Mann um.«

Mir wurde eiskalt vor Schrecken. Ich wand mich, versuchte angestrengt, mich zu befreien, aber vergeblich. Nigel versuchte es auch, doch ohne Erfolg.

»Rookie?«, flüsterte er. »Worüber reden sie?«

»Über uns«, erklärte ich. »Sie wollen uns umbringen.«

»Warum?«

»Sie wollen das Land von Bwana Ruin.«

»Warum?«

»Das weiß ich nicht«, sagte ich. »Es hat ihnen gehört. Bwana Ruin hat es ihnen gestohlen.«

»Lügner!«, zischte Nigel.

»Sie wollen es zurückhaben«, erklärte ich ihm.

Später holten sie uns auf Haris Drängen und gaben uns etwas gebratenes Fleisch und einen Blechbecher voll Suppe. Dann fesselten sie uns wieder und versteckten uns unter dem Fellhaufen.

Danach muss ich wohl eingeschlafen sein. Ich fiel in einen tiefen, tiefen Schlaf voller Träume vom Jagen und Fischen, und als ich wieder aufwachte, war ich überrascht, dass ich immer noch gefesselt unter den Fellen lag.

In der Höhle war es totenstill. Nigel schlief friedlich neben mir, atmete ganz leicht und träumte gewiss vom Fischen und Jagen. Lange Zeit lag ich da und dachte darüber nach, welche Tageszeit es wohl sei und was die Waldmenschen gerade machten.

Mein Fuß war jetzt wirklich übel dran, er pochte bei jedem Herzschlag. Bei der ersten Gelegenheit musste ich den Eiter unbedingt herausdrücken. Und Salz auf die Wunde streuen. Ich kannte viele Pflanzen, deren Blätter Wunden heilten. Aber jetzt waren sie alle unerreichbar.

Bald darauf hörte ich, dass sich etwas in der Höhle bewegte. Ich spitzte die Ohren und lauschte. Die Bewegung klang eilig und verstohlen. Dann wurden die Schaffelle weggezogen, und ich sah einen Schatten, der sich mit einer *panga* in der Hand über uns beugte. Da wusste ich, jetzt war der Augenblick unseres Todes gekommen. Ich versuchte zu schreien, aber die Angst verstopfte mir den Mund wie ein Knebel. Ich strampelte und trat nach dem Schatten.

»Kariuki!«, knurrte der Schatten.

Es war Hari. Er beugte sich über Nigel und schnitt die Seile durch, mit denen ihm Hände und Füße gebunden waren. Genauso machte er es bei mir. Dann stellte er uns auf unsere tauben Füße und schleppte uns zum Höhleneingang.

»Seid ihr O.K.?«, fragte er.

Wir sagten ihm, es ginge uns gut.

»Ihr müsst verschwinden«, sagte er.

»Was ist mit den anderen?«, fragte ich.

»Sie sind in die Berge geflohen«, antwortete er. »Sie wollten euch hier den Hyänen und den wilden Hunden überlassen. Der Wald ist voller Soldaten.«

Der Regen hatte aufgehört. Ich setzte mich hin, um die Eiterstelle an meinem Fuß auszudrücken. Es war eine sehr schmerzhafte Prozedur, aber danach fühlte sich der Fuß viel besser an. Ich wickelte ihn wieder in den Lumpen ein.

»Geht in diese Richtung!«, Hari wies nach Süden. »Die Soldaten sind nicht weit weg von hier. Sie werden euch den Heimweg zeigen.«

Sonnenschein glitzerte auf den nassen Blättern.

»Und du?«, fragte ich.

»Mach dir keine Sorgen«, sagte er. »Ich werde meinen Freunden folgen. Seht zu, dass ihr nach Hause kommt, und bleibt auch dort.«

Er wandte sich an Nigel und sagte: »Spiel nicht wieder im Wald. Der Wald ist kein sicherer Platz für kleine weiße Männer. Für niemanden mehr.«

Dann gab er uns einen Schubs, und wir rannten davon. Wir stolperten den Berg hinunter, bis wir zum dichteren Unterholz kamen, und schlugen uns weiter durchs Gebüsch, mit dem einzigen Ziel, so viel Abstand wie nur möglich zwischen uns und dem Versteck zu bekommen.

Elftes Kapitel

Etwa eineinhalb Kilometer vom Versteck entfernt trafen wir auf die Soldaten, die unhörbar wie Geister durch die nassen Büsche schlichen. Wir hatten tatsächlich nicht gemerkt, dass sie da waren, bis wir uns plötzlich von einem Dutzend grimmig aussehender weißer Soldaten umringt fanden, die ihre Gewehre auf uns richteten. Dann begriffen sie, dass wir noch kleine Jungen waren, und kamen auf uns zu.

Der verantwortliche Offizier war höchst erfreut, Nigel so lebendig und wohlauf zu sehen. »Wo warst du denn, du Strolch?«

»In einer Höhle«, sagte Nigel. »Im Wald.«

Dann erklärte er, wie er von Männern mit Speeren gefangen genommen worden war.

Der Offizier wollte wissen, wie viele Banditen da gewesen wären und wo sie jetzt seien. Wir erzählten ihnen alles, was wir wussten. Ohne an Hari zu denken, wiesen wir ihnen den Weg zur Höhle, in der wir ihn kurz vorher verlassen hatten.

Sie gaben uns vier Soldaten mit, die uns durch den Wald begleiten sollten. Die anderen setzten ihre Suche fort. Die Soldaten führten uns auf dem kürzesten Weg durch den Wald. Kurz nach zwölf kamen sie mit uns zu Hause an. Nigel brachten sie zu seinen

Großeltern, mich ließen sie allein ins Dorf zurückgehen.

Dort stieß ich auf meinen Vater, der erregt im Hof herumlief. Als er mich kommen sah, stürzte er quer über den Hof auf mich zu, packte mich am Kragen und hob mich in die Höhe.

»Heute bring ich dich aber wirklich um, das schwöre ich dir!«

»Warum?«

»Warum!«, schnaubte er. »Wo bist du gewesen?«

»Nirgends«, sagte ich ausweichend.

Er holte mit der Faust zum Schlag aus, bemerkte dann, dass meine Mutter in der Nähe war und uns beobachtete, und riss sich zusammen. Er setzte mich wieder ab, ließ aber meinen Kragen nicht los.

Ich hatte ihn noch nie so wütend und aufgebracht gesehen. Aber unter all der Wut und der Aufregung schimmerte Angst hervor. Angst vor etwas so Schrecklichem, dass es weder Gestalt noch Namen hatte. Um ihn wenigstens ein kleines bisschen zu besänftigen, erzählte ich ihm, dass ich den Jungen gefunden hatte.

»Jungen gefunden?«

»Ja, Vater.«

»Was für einen Jungen?«

»Nigel.«

Er hielt inne, um nachzudenken, wo er diesen Namen schon einmal gehört hatte. Sie hatten ihm auf der Polizeistation übel zugesetzt. Ich erfuhr später, viel später, als seine Angst sich gelegt hatte, dass sie ihn in seiner Zelle gefoltert hatten. Sie wollten ihn dazu bringen, dass er Dinge gestand, von denen er gar nichts wusste. Auch den Mord an einem weißen Jungen.

»Wer ist den Naidscho?«, fragte er.

»Der weiße Junge«, sagte ich. »Der *Bwana Kidogo*.«

Es dauerte eine Weile, bis er begriff.

»Du hast ihn gefunden!«

»Ja, Vater.«

»Wo?«

»Im Wald.«

»Ist ... ist der Junge tot?«

»Nein, Vater«, sagte ich. »Der Junge lebt.«

Er verpasste mir eine Kopfnuss und fing an zu schimpfen: »Warum hast du mir denn erzählt, der kleine weiße Mann sei tot?«

»Das habe ich gar nicht, Vater«, sagte ich. »Er ist am Leben, und es geht ihm gut.«

»Wo ist er?«

»Er ist nach Hause gegangen«, erklärte ich. »Zu seinem Großvater.«

Da ließ er mich endlich los und stürzte davon, um sich selbst zu überzeugen. Mich ließ er im Hof stehen, zwischen der Hütte und dem Getreidespeicher. Ich war unschlüssig, was ich jetzt tun sollte. Mit einem Blick voller Traurigkeit betrachtete mich meine Mutter von der Tür zur Hütte her.

»Hast du Hunger?«, fragte sie.

»Nein«, sagte ich.

»Ich werde jetzt erst mal *ugali* kochen«, sagte sie.

Ich ging zum Getreidespeicher und setzte mich auf den umgedrehten Eimer, um über meine missliche Lage nachzudenken.

Bald darauf kam mein Vater zurück. Er wusste nicht recht, was er zu mir sagen sollte, als er mich da so auf dem rostigen, alten Eimer sitzen sah. Er erhob seine Hand über meinem Kopf, und ich war schon auf eine Kopfnuss gefasst. Aber stattdessen öffnete er die Hand.

»Gut!«, sagte er und strich mir sanft über den Kopf. »Gut!«

Dann ging er weg, deutlich erleichtert.

Bwana Ruin hatte gesagt, er könne in seine Küche zurückkehren, aber er war noch nicht in der Lage, an die Arbeit zu gehen, weder körperlich noch seelisch.

Mutter hatte uns *ugali* zu einem verspäteten Mittagessen gekocht. Eigentlich hatte ich jetzt überhaupt keinen Hunger. Ich hatte meinen Freund gefunden. Aber ich fürchtete, dass die Soldaten uns alle holen und hängen würden, sobald Nigel ihnen die näheren Umstände seiner Gefangennahme erzählt hatte. Ich hatte auch Angst um Hari. Nigel hatte Hari gesehen und erkannt. Sobald er anfing zu reden, wusste jeder, dass mein Bruder zu den Waldmenschen gehörte. Dann würden die Soldaten ihn abführen und erschießen. So gab es vieles, was mir Sorgen bereitete. Ich fragte mich auch, ob Nigel mir jemals wieder vertrauen würde.

Da tauchte Nigel plötzlich wie aus dem Nichts in unserem Hof auf. Ich bemerkte, dass mein Vater fast Zustände bekam, als er den Jungen sah.

»Rookie«, sagte Nigel. »Warum bist du so traurig?«

»Ich weiß nicht«, antwortete ich.

»Komm mit«, sagte er. »Mein Großvater will mit dir reden.«

Im Farmhaus war ein Tisch gedeckt für zwei. Mamsab Ruin servierte uns Tee und Kuchen. Dann lehnte sie sich in ihrem Stuhl zurück und schaute uns beim Essen zu, wobei sie mich so eingehend studierte, wie die Dorfbewohner Nigel beim *ugali*-Essen beobachtet hatten. Fast als erwarte sie, dass ich am Kuchen ersticke.

Sie war älter als Bwana Ruin, sah hinfällig und grau aus. Ich hatte gehört, er habe sie nur geheiratet, weil sie reicher war als er. Das konnte ich nicht begreifen.

Salt und Pepper waren am Morgen zurückgebracht und auf dem Familienfriedhof beim Obstgarten beerdigt worden, wo die Weißen, wie man munkelte, auch ihre Katzen beerdigten. Als Mamsab Ruin uns nach dem Tee Birnen aus diesem Obstgarten anbot, versicherte ich eilig, ich sei schon völlig satt.

Nigel gab mir die Spielzeugautos wieder, die die Soldaten unter meinem Bett hervorgeholt hatten. Ich konnte sie nicht zurückweisen, aber ich war entschlossen, sie in die Latrine zu werfen, sobald ich wieder zu Hause war.

Als wir die breiten hölzernen Verandastufen hinuntergingen, kam Bwana Ruin, um uns mitzuteilen, dass die Suche nach den Entführern für diesen Tag abgebrochen worden sei. Die Spurensucher hätten die Spur völlig verloren. Doch einen der Banditen hätten sie getötet.

Er führte uns ums Haus herum, wo ein paar Soldaten damit beschäftigt waren, den toten *mau-mau* zurechtzumachen, bevor sie die Dorfbewohner herbeiriefen, damit sie ihn identifizieren konnten. Er lag da mit ausgebreiteten Armen und Beinen, halb nackt, über und über bedeckt von Blut und Schlamm. Wir traten heran, um in sein Gesicht zu sehen.

»Bekannt?«, fragte der verantwortliche Offizier.

Ich war zu tief getroffen, um antworten zu können. Tränen schossen mir in die Augen und liefen mir einfach die Wangen herunter. Ich hatte einen dicken Kloß im Hals und konnte nicht einmal schluchzen.

Es war Nigel, der antwortete.

»Ja, Sir«, sagte er.

»Gehörte er auch dazu?«

»Nein, Sir«, sagte Nigel.

»Nigel!«, schnauzte Bwana Ruin, »sag die Wahrheit!«

Der Offizier schaute zu Bwana Ruin, dann wieder zu Nigel.

»Nigel«, sagte er leise. »Gehörte dieser Mann nicht auch zu denen, die dich entführt haben?«

»Nein, Sir«, sagte Nigel. »Dieser Mann hier hat uns befreit.«

»Nigel!«, schnauzte Bwana Ruin wieder. »Die Wahrheit, Nigel!«

»Das ist die Wahrheit, Großvater«, sagte Nigel. »Er hat Rookie und mich gefunden und befreit. Dann, als wir auf dem Rückweg waren, erwischten sie uns und brachten uns zurück. Dieser Mann hier hat uns befreit.«

»Wie hat er euch gefunden?«, fragte der Offizier.

»Das hat er nicht gesagt.«

»Was hatte er denn im Wald zu suchen?«

»Das haben wir ihn nicht gefragt.«

Der Offizier war durchaus nicht zufrieden. Er wandte sich an mich. Er nahm mich bei den Schultern, drückte so fest, dass es wehtat, und wollte von mir wissen, ob ich den toten Mann kannte.

Ich nickte.

»Ist es einer von hier?«

Wieder nickte ich. Ich war blind vor Tränen.

»Weißt du, wie er heißt?«

»Hari«, schluchzte ich. »Mein Bruder Hari.«

Dann drehte ich mich um und ging weg, ohne erst auf Erlaubnis zu warten. Ich hatte keine Angst mehr vor ihnen. Tiefer konnten sie mich nicht mehr treffen.

Ich mied das Dorf und ging durch das Gebüsch hinunter zum Flusspfad. Dort wandte ich mich nach rechts und ging den Weg entlang, den ich so viele Male mit Hari gegangen war, als er mir beibrachte, wie man Heuschrecken als Köder am Haken befestigt. Jetzt ging ich, ohne etwas zu sehen oder zu hören, langsam den Pfad entlang, bis ich zum Ententeich kam, wo ich die Waldmenschen zum ersten Mal getroffen hatte und wo sie mir den Brief für Hari mitgegeben hatten. Ich kletterte das Ufer hinab zu den Steinen unter dem Felsvorsprung, setzte mich an den Teich und versuchte, meinen Verlust zu begreifen.

Schließlich kamen mir die Tränen. Ich weinte haltlos, weinte, bis mir die Brust wehtat und keine einzige Träne mehr übrig war. Dann schluchzte ich nur noch, hart und tränenlos, unfähig, aufzuhören. Der Schmerz in meinem Herzen war größer als jeder Schmerz, den ich jemals erlitten hatte, schlimmer als alle Schläge, die ich von Hari oder sonst jemandem bekommen hatte, um vieles schlimmer als der Tod, den ich viele Male von »Information Nr. 1« erhalten hatte.

Stummelaffen schwangen sich durch die Bäume und trugen ihre Babys am Bauch mit sich. Ich sah sie zwar, aber ich kümmerte mich nicht um sie, und sie zogen weiter flussaufwärts, schmausten in den *mokoe*-Bäumen und wunderten sich, weshalb ich ihnen heute nichts zurief.

Ich weiß nicht, wie Nigel mich hatte finden können. Jedenfalls kam er von Stein zu Stein gesprungen und setzte sich zu mir. So saßen wir eine lange Zeit, ohne etwas zu sagen, und überließen das Reden dem Fluss und den Steinen.

»Rookie«, sagte er schließlich. »Geht es dir gut?«

Ich nickte. Aber als ich zu lächeln versuchte, kamen mir sofort wieder die Tränen.

»Er war mein bester Freund«, erklärte ich.

»Das hast du mir gesagt.«

»Er hat mir das Fischen beigebracht«, sagte ich. »Er hat mir das Jagen beigebracht. Er hat mir alles beigebracht, was ich weiß.«

Das Schluchzen brach wieder hervor. Ich biss die Zähne zusammen, um die Tränen zurückzuhalten. Aber als Nigel mir seinen Arm um die Schulter legte, konnte ich nicht mehr anders. Ich weinte einfach drauflos. Es dauerte lange, bis ich mich wieder beruhigt hatte.

»Rookie«, sagte Nigel, »wenn ich einen Bruder hätte, ich würde ihn dir geben. Dann würdest du deinen Bruder Hari nicht mehr so sehr vermissen.«

Da begriff ich, welch guten und wahren Freund ich in ihm gefunden hatte. Ich wusste nicht, wie ich es ihm sagen sollte, und so saßen wir einfach da und lauschten dem Wasser.

Dann kamen die Enten den Fluss herabgetrieben, still wie ein Blatt in der Strömung. Es waren nur noch die Entenmutter und zwei ihrer Küken.

»Sieh mal!«, sagte Nigel. »Sind sie nicht süß?«

Er warf nicht mit Steinen nach ihnen. Er saß da und beobachtete sie und bewunderte ihre Schönheit.

Früher hatte es auch einen Entenvater und viel mehr Küken gegeben. Ich erzählte Nigel davon. Er wollte wissen, was wohl mit den anderen geschehen war.

»Ich weiß es nicht«, sagte ich.

Nichts war mehr so wie früher. Der Wald war voll von neuen, bedrohlichen Geräuschen, die ich nicht deuten konnte.

Nach ein paar Runden im Bassin, wo sie nach Futter suchten, führte die Entenmutter ihre Küken weiter. Sie ließen sich auf dem Wasser treiben, und die Strömung trug sie flussabwärts.

Dann fiel uns wieder ein, dass Hari uns gesagt hatte, der Wald sei nicht mehr sicher, weder für kleine weiße Männer noch für sonst wen.

Wir rannten den ganzen Weg, bis wir zu Hause waren.

Nachwort

1952, nach fast siebzig Jahren britischer Kolonialherrschaft, brach in Kenia ein Aufstand aus. Die Afrikaner hatten viele Gründe, sich aufzulehnen. Der wichtigste war wohl, dass sich die weißen Siedler fast das gesamte fruchtbare Ackerland mit Gewalt angeeignet hatten, während die Afrikaner in überfüllten Eingeborenenreservaten leben mussten. Noch schlimmer war, dass die Afrikaner kein Wahlrecht in ihrem eigenen Land hatten und gezwungen waren, bei den weißen Siedlern gegen sehr schlechte Bezahlung als Farmarbeiter zu arbeiten.

Als die Proteste und Demonstrationen immer heftiger wurden, verhängte die Kolonialregierung den Ausnahmezustand über das ganze Land. Massenverhaftungen waren an der Tagesordnung. Es wurde üblich, Menschen ohne vorherigen Prozess einzusperren.

Die afrikanische Befreiungsbewegung gründete die *mau-mau*, eine Bewegung, deren Hauptziel es war, für Freiheit zu kämpfen und das kenianische Land seinen eigentlichen Besitzern zurückzugeben. Bewaffnet mit Speeren, Schwertern und schließlich auch mit gestohlenen Gewehren, versteckten sich die *mau-mau* im Dschungel und begannen einen langen und erbitterten Kampf gegen die Kolonialarmee.

Acht lange Jahre dauerte der blutige Krieg, in dem die *mau-mau* einen Guerilla-Kampf gegen die britische Regierung führten. Tausende unschuldiger Leute, Schwarze wie Weiße, wurden sinnlos umgebracht. Familien wurden zerstört, Kinder zu Waisen. Tausende Afrikaner wurden zusammengetrieben und in Konzentrationslagern eingesperrt. Schließlich gab die Kolonialregierung den Kampf auf, und Kenia wurde 1963 unabhängig.

Während der Zeit des Ausnahmezustandes aufzuwachsen war eine grauenhafte Erfahrung für ein siebenjähriges Kind. Offensichtlich ohne Grund wurden Menschen einfach erschossen. Ich habe Lastwagen voller Leichen von toten *mau-mau* gesehen. Wir lebten in Angst sowohl vor den *mau-mau* als auch vor den Soldaten der Regierung. Beide Seiten brachten vermeintliche Kollaborateure um.

Auch wenn »Kariuki« in meiner Heimatstadt, Nanyuki, spielt, ist es nicht meine eigene Geschichte. Aber sie stammt aus einer Gegend, die meinem Herzen sehr nahe ist.

Meja Mwangi

Wörterverzeichnis

andu a mutiku	Leute vom Wald
boma	»Kraal«, kreisförmig angelegtes Dorf oder runder Pferch
bwana	Herr
Dorobo	aussterbende ethnische Gruppe in Kenia
ihii	unbeschnittene junge Männer, auch Schimpfwort: Nichtsnutze
jimi	Hund
ka-myunsu	kleiner Mann
kali	scharf, spitz
Kata-Kata	schneiden, in Stücke schneiden, verletzen
kidogo	klein
koe	Früchte des *mokoe*-Baumes
kweli ama rongo	(richtig: kweli au urongo) richtig oder falsch?
mamsab	Herrin (Lehnwort aus dem Hindi)
maneno	Worte
mau-mau	es gibt keine allgemein akzeptierte Erklärung dieses Begriffs
mokoe	»Wasserbeere«, essbare Früchte
msako	Jagd, Razzia
muthusi	Berberitzenart

mzungu	weißer Mensch, Europäer
ngawa	Wüstendattel
panga	Machete
pondo	Bootsstange, Stake
posho	Maismehlration
rungu	Knüppel
sananguru	Faulbaumgewächs
simi	beidseitig geschliffenes, krummes somalisches Schwert
toto	richtig: Einzahl – *mtoto*, Mehrzahl
watoto	Kind, Kinder
turaco	grüner Helmvogel
ugali	Maisbrei
watu	Einzahl *mtu*, Mehrzahl *watu* – Mensch, Menschen

Marylène Schultz
Die Waisenkinder von Bethanien
35 Jahre auf der Westbank

Marylène Schultz hat sich jahrzehntelang um palästinensische Jungen und Mädchen gekümmert, die keine Eltern hatten oder deren Eltern sich nicht um ihre Kinder sorgen wollten. Doch sie war nicht nur als Waisenmutter tätig, sondern hat sich in all diesen Jahren für Verständigung und Frieden zwischen Israelis und Palästinensern eingesetzt und sich an gewaltfreien Aktionen beteiligt, wenn sie die Menschenrechte derer in Gefahr sah, mit denen sie zusammenlebt. Sie will »Brücken über Gräber bauen« und »Breschen in Mauern« schlagen, die Gegner miteinander ins Gespräch bringen.
Marylène Schultz wurde Augenzeuge des Sechs-Tage-Krieges und damit der bis heute andauernden Besatzung der Westbank. Hautnah musste sie erleben, wie sich der Alltag der Palästinenser dadurch veränderte. Sie bekam mit, wie erste jüdische Siedlungen errichtet wurden, wie Menschen von dem Land vertrieben wurden, auf denen ihre Familien seit Generationen wohnten. Sie spürte, wie sich die Fronten weiter verhärteten, die Gewalt eskalierte ... bis zum heutigen Tag.
Marylène Schultz' Arbeit ist ein Beispiel dafür, dass es in dieser krisengeschüttelten Region viele Menschen gibt, die immer noch an Frieden und Versöhnung glauben.
Mit einem Vorwort von Arnold Hottinger, dem ehemaligen Nahostkorrespontenden der »Neuen Zürcher Zeitung«.

Felicia Langer

Miecius später Bericht

Eine Jugend zwischen Getto und Theresienstadt

1947 hat Felicia Langer, die aus Polen stammende Jüdin, die vor den Nazis fliehen mußte, ihren späteren Mann kennengelernt, »den mageren Jungen mit gebräunter Haut«. Als einziger seiner Familie hatte er überlebt, die deutsche Okkupation in Polen. Die Nazis hatten ihn als Jugendlichen ins Konzentrationslager verschleppt, zunächst nach Plaszow, dann nach Tschenstochau, Buchenwald, seinem Außenlager Remsdorf, schließlich nach Theresienstadt.

»Miecius später Bericht« schildert »eine ganz gewöhnliche Geschichte des Holocaust«. Als Mieciu Langer 1990 mit seiner Frau nach Deutschland kam, wurde er mit seiner eigenen Geschichte konfrontiert. Es hat eine lange Zeit gedauert, bis er bereit war, Zeugnis abzulegen.

»Mieciu ist kooperativ, aber die Arbeit ist schwierig: Die grauenhaften Geschichten sind für mich manchmal unerträglich«, schrieb Felicia Langer dem Verlag, als sie das zu Papier brachte, was ihr Mann erlitten hat.

Erschienen im Lamuv Verlag

Alice Taylor
Zur Schule durch die Felder

Eine irische Kindheit

Lamuv Taschenbuch 192

Alice Taylors Bericht über ihre Kindheit in dem Nest Lisnasheago am Darigle-Fluß im Südwesten Irlands hat ihr große Anerkennung zuteil werden lassen. »Zur Schule durch die Felder« wurde schnell zum bestverkauften Buch, das jemals in Irland erschienen ist.
»Frei wie die Vögel wuchsen wir auf«, schreibt Alice Taylor, »in einer einfachen Welt, unberührt von äußeren Einflüssen, in einer Zeit, als man noch Kind sein konnte, das Leben noch gemächlicher vonstatten ging.«
Alice Taylor beschreibt das Leben auf der Farm, die Erlebnisse in der Schule, die großen Ereignisse des Jahres wie das Dreschen des Getreides, das Schlachten der Schweine, den Urlaub in Ballybunion oder das Weihnachtsfest: Ihr Vater, kein irischer Republikaner, lauschte der Radioansprache des britischen Königs, ihre Mutter der des Papstes. Liebevoll berichtet sie von Dan, dem Wanderarbeiter, Nell, der ungeselligen Alten, dem einsamen Paul oder ihrer kämpferischen Großmutter...

»Die Erinnerungen an eine irische Kindheit vor Jahrzehnten vermitteln Alltägliches, auch Humor und Trauer, doch überall eine ungewohnte Ruhe, die Leser und Leserin in ihren Bann schlägt. Das muß das Geheimnis dieses Erfolgsbuches sein. Es ist eine Ruhe, die sogar wir heute oft entbehren. Alice Taylor schenkt sie uns wenigstens für eine kurze Weile.« (Dieter Döllken, NDR 2, Buchtip der Woche)

»Ein liebenswertes Buch, das man gern zur Hand nimmt.« (Hella Lusensky in: Der evangelische Buchberater)

Erschienen im Lamuv Verlag

Captain Phillip
Australien

Die Gründung der Strafkolonie

Der berühmte englische Weltumsegler James Cook gilt als der eigentliche Entdecker des fünften Kontinents. Im April 1770 ging er an der Ostküste Australiens als erster Europäer an Land. Jahre später erinnerte man sich in England an Cooks Berichte. Die Londoner Regierung entschloss sich, dorthin Verbrecher zu »verschicken« - als Ersatz für die Todesstrafe.
Captain Arthur Phillip wurde 1787 beauftragt, mit elf Schiffen und 212 Soldaten die ersten 778 Sträflinge nach New South Wales zu bringen, um mit den Verbannten das Land in Besitz zu nehmen. Über die Reise dorthin und die »merkwürdigsten Ereignisse in der neuen Kolonie« hat er Bericht erstattet. Rudolf Plischke hat Anfang der zwanziger Jahre des letzten Jahrhunderts die wichtigsten authentische Zeugnisse über die Gründung Sydneys zusammengestellt. Die Neuauflage dieser historischen Dokumente bietet interessante Einblicke in ein weithin unbekanntes Stück australischer Geschichte.

Arthur Phillip, 1738 in London geboren, Sohn eines aus Frankfurt stammenden Einwanderers, besuchte die Seefahrerschule in Greenwich und nahm an allen Kriegen teil, die England im 18. Jahrhundert führte. Er übernahm nicht nur das Kommando bei der ersten Gefangenendeportation nach Australien; er hatte dort auch mehrere Jahre das Amt des Gouverneurs inne. Gesundheitlich angeschlagen kehrte er 1792 nach England zurück.

Erschienen im Lamuv Verlag